Herder Taschenbuch 1572

Über das Buch

Von Lebenskrisen bleibt niemand verschont. Die Frage ist nur, ob er sich in ihnen verstrickt und damit unglücklich bleibt oder sie als Herausforderung erlebt, sich zu wandeln und sein Leben neu zu gestalten. Zu dieser Haltung ermutigt das vorliegende Taschenbuch, indem es an konkreten Schicksalen zeigt, wie Menschen in schwerer, fast aussichtsloser Lage den Sinn ihres Daseins wiedergefunden haben. Darum interessieren sich immer mehr Menschen für die von Viktor E. Frankl begründete Logotherapie, die in dem Hamburger Institut des Autors seit Jahren praktiziert und weiterentwickelt wird. An diesen Erfahrungen teilzunehmen lohnt sich für jeden, der in Lebenskrisen Rat sucht oder Rat gibt.

Über den Autor

Dr. theol. Uwe Böschemeyer, Pfarrer, Wissenschaftlicher Assistent bei Professor Thielicke an der Universität Hamburg (Systematische Theologie, Abt. Sozialethik), Lehrbeauftragter, Leiter des Hamburger Hochschulpfarramtes (Seelsorge und Beratung), Studienaufenthalte in Wien bei Prof. Frankl von 1971 bis 1975 (1975 Zertifikat für Logotherapie), Dissertation: Die Sinnfrage in der Existenzanalyse und Logotherapie Viktor E. Frankls (Eine Darstellung aus theologischer Sicht), Hamburg 1974, Wissenschaftlicher Mitarbeiter des Hamburger Abendblattes, seit 1982 Leiter des Hamburger Instituts für Integrative Logotherapie.

Uwe Böschemeyer

Mut zum Neubeginn

Logotherapeutische Beratung
in Lebenskrisen

Herder Taschenbuch Verlag

Originalausgabe
erstmals veröffentlicht als Herder-Taschenbuch

Buchumschlag: Walter Emmrich

Herder Freiburg · Basel · Wien
Herstellung: Freiburger Graphische Betriebe 1988
ISBN 3-451-08572-0

Für
Margrit
Corinna und
Andreas

Inhalt

Vorwort

Das Ziel des vorliegenden Buches ist es, wichtige Ausschnitte und Aspekte logotherapeutischer Beratungspraxis darzustellen. Die einzelnen Kapitel geben darüber hinaus einen Einblick in die Arbeit des „Hamburger Instituts für Integrative Logotherapie“ und seiner Versuche, Gründe zum Leben und Sprache für grund-los sich fühlende Menschen unserer Zeit finden zu helfen.

Die im Anhang abgedruckten Artikel sind Beispiele logotherapeutischer Medienarbeit.

„Integrative Logotherapie“ – diese nicht sonderlich attraktive Begriffsbildung – soll andeuten, daß wir in unserem Institut in Theorie und Praxis für jene therapeutischen und beraterischen Elemente offen sind, die der existenzanalytischen Anthropologie, also dem Menschenbild der Logotherapie, entsprechen.

Wer Tag für Tag mit Menschen zu tun hat, die Schwierigkeiten im Leben haben oder denen das Leben zu schwer geworden ist, wird seine Aufmerksamkeit nicht mehr vorrangig auf die Frage nach der Reinheit der Lehre richten, die für ihn im Studium verbindlich gewesen sein mag; er wird vielmehr beständig nach jenen ihm noch nicht bekanntgewordenen Mitteln Ausschau halten, die dem an sich und der Welt leidenden Menschen zusätzliche Hilfen zum Leben sein können.

Ich danke Herrn Dr. Erwin Marcus für die freundschaftliche Begleitung meiner Arbeit; ich danke auch den Teilnehmern der Ausbildungsseminare des Instituts für die lebendige Auseinandersetzung um die ihnen von mir vorgestellten Arbeiten.

Hamburg, im März 1988 *Uwe Böschemeyer*

Der Mensch auf der Suche nach Sinn – eine anthropologische Meditation

Das, was uns Menschen zu Menschen macht, ist unsere Suche nach dem, was uns ändert, was uns weiter, tiefer, was uns freier, liebe-voller, was uns lebendiger macht.

Was mich zum Menschen macht, ist mein Suchen nach Sinn, mein Suchen nach dem, was in den wechselnden Situationen meines Lebens mir als gehaltvoll, wesentlich und wichtig erscheint – das, woran ich mein Herz hängen kann, was mich betrifft, was mich angeht, wofür ich leben will.

Schon das Suchen regt mich an, lockt mein Interesse am Leben hervor, löst mich heraus aus dem Kreisen meiner Gedanken um mein Ich.

Was will ich suchen? Das, was mir ein Ja zum Leben, zum Leben hier und jetzt hervorlockt.

Ein Ja zu diesem Leben? Zu welchem sonst? Ein Ja zu diesem Leben der Angst, der Sinnlosigkeit, der Verzweiflung – ein Ja zu diesem Leben der Ich-Einsamkeit?

Leben ist auch angst-voll, sinn-los, Grund zur Verzweiflung.

Leben ist auch Anlaß zur Frage, ob ich es je bestehen kann.

Leben ist sicher zu groß, als daß ich es immer bestehen könnte.

Wäre also Leben nichts für mich?

Leben ist für mich.

Welches Leben ist für mich?

Das, was ich suche; das, was mich angeht; das, was sich finden läßt – wenn ich es suche. Ob ich es suche? Werde ich es suchen? Suche ich es nicht, werde ich es nicht finden, obwohl es da ist.

Und wer sagt mir, daß das Leben, daß Sinn in meinem Leben da sei?

Niemand. Niemand? Warum nicht?

Weil ich ein Mensch bin – und weil zum Menschsein gehört, selber suchen zu müssen, was Menschsein heißt, was Sinn im Leben bedeutet und was Sinn in meinem Leben ist.

Ob das schwer ist oder leicht?

Es kommt darauf an, ob ich leben will – oder nicht.

Will ich leben, kann ich nur als Mensch leben, und das heißt: als einer, der nach Sinn fragt, Sinn wahr-nimmt und wahr-macht.

Was ist schwer daran?

Daß da keiner ist, keine Mutter, kein Vater, der mich anleitet, Leiter meiner Sinnsuche zu sein; daß Sinn im Leben verborgen ist wie das Gold im Geröll der Mine.

Was ist leicht daran?

Daß ich es bin, der die Gaben hat und die Sehn-sucht, Sinn im Leben zu ent-bergen wie das Gold aus dem Geröll der Mine. Warum tue ich mich dann so schwer, Sinn zu suchen – und zu finden?

Weil ich – bislang – nicht ahnte, daß ich es selbst bin, der nach Sinn suchen muß und ihn finden kann, – ihn finden kann, wenn ich ihn suche.

Ob ich ihn suchen will? Suche ich, was ich will?

Nein, da ist niemand, der diese Entscheidung für mich heute oder morgen treffen könnte.

Der Mensch ist ein Wesen auf der Suche nach Sinn.

Jeder Mensch ist ein Wesen auf der Suche nach Sinn.

Ich bin ein Mensch auf der Suche nach Sinn.

Suche ich?

Was ich Dir noch sagen wollte

Ein Brief für Corinna zu ihrem achtzehnten Geburtstag

Meine liebe Tochter,
in einer Stunde ist Dein Geburtstag zu Ende. Du feierst oben im Haus mit Deinen Freunden, und ich sitze in meinem Arbeitszimmer und denke an Dich. In mir ist ein Gefühl tiefer Freude über Dich. Wie hast Du mein Leben bereichert! Dieses Gefühl hatte ich seit dem Augenblick, in dem ich Dich zum ersten Mal sah: damals in der Klinik am ersten Weihnachtstag 1969.

Wir haben miteinander vieles erlebt, nicht wenig Schweres, aber auch viel Schönes. Was immer wir jedoch erlebten – lieb gehabt habe ich Dich immer, und ich vermute, Du mich auch. Und damit haben wir als Vater und Tochter bis zu diesem Tag wohl das Wichtigste erlebt, was wir erleben konnten.

Ich vergesse die Stunde nie, in der ich mir vornahm, alles zu tun, um Dich so lange wie möglich von allem Leid fernzuhalten. Da warst Du vielleicht fünf Jahre alt. Und es dauerte nicht lange, als ich erkannte, daß ich selbst nicht wenig dazu beitrug, daß Dein Leben nicht so besonnt verlief, wie ich es Dir gewünscht hatte. Ja, ich habe als Vater Fehler gemacht, das weißt Du. Was Du vielleicht nicht so recht weißt: Ich habe unter meinen Fehlern Dir gegenüber gelitten und versucht, manche nicht zu wiederholen, manchmal mit, nicht selten ohne Erfolg.

Es wird einmal der Tag kommen, an dem Du noch einmal mit mir über alles wirst sprechen wollen. Ich wünsche mir sogar, daß dieser Tag kommt, weil mir nichts lieber ist als dieses: daß wir miteinander offen sind. Ich werde dann versuchen, Dir gut zuzuhören – Dir recht zu geben, wenn ich meine, daß Du recht hast, und Dir zu widersprechen, wenn ich die Dinge anders sehe. Schon seit Monaten habe ich über Geschenke für Dich an diesem Tag nachgedacht. So ganz zufrieden war ich darüber nicht, obwohl Du heute gestrahlt hast, als Du sie empfingst.

Da ist noch etwas, was ich Dir sagen wollte, und auch das soll ein Geschenk für Dich sein:

Ich erfahre ja so manches in meiner Praxis von Menschen, von ihrem Glück ebenso wie von ihrem Leid, von ihren Fehlern und dem, was sie richtig gemacht haben. Ich sehe, was ihnen hilft und übersehe nicht, was ihnen nicht hilft. Ich möchte für Dich die Dinge einmal aufschreiben, von denen ich annehme, daß sie meinen Klienten und auch mir selbst wichtig und wesentlich geworden sind. Du wirst schon selbst sehen, was Du von alledem brauchen kannst und was nicht. Vieles von dem, was ich Dir aufschreiben werde, ist Dir aus unseren Gesprächen vertraut, manches wird neu für Dich sein. Quäl' Dich nicht, wenn Du das eine oder andere (noch) nicht verstehen solltest – vielleicht liest Du's später noch einmal nach ...

Ich kann im folgenden meine Gedanken nur andeuten; Du weißt aber, wie gern ich darüber mit Dir ausführlich sprechen mag, wenn Du es willst. Also:

Kein Mensch gleicht dem anderen, und darum hat jeder sein eigenes Geheimnis. Und weil jeder sein eigenes Geheimnis hat, ist er im Grunde auch von niemandem beurteilbar. – Jeder Mensch erlebt die Wirklichkeit in seiner eigenen besonderen Weise, und darum hat jeder seine eigene, besondere Weise, sich selbst und das Leben zu deuten. Keine Deutung gleicht der anderen. Deshalb gilt es, nach-denklich zu sein, wenn wir uns oder andere verstehen wollen.

Kein Mensch ist nur ein Engel, und keiner ist nur ein Teufel, keiner ist nur dumm, und keiner ist nur klug. Im Menschen ist immer beides: das Helle und das Dunkle – so wie in der Welt beides ist: das, was Leben fördert, und das, was es stört oder zerstört.

Such' das Helle, das, was Leben fördert, aber übersieh' nicht das Dunkle, das in Dir ist und in anderen und in der Welt. Übersiehst Du das Dunkle, so erkennst Du nur eine Seite der Wirklichkeit. Dann aber gleichst Du einer Frau, die am späten Abend allein entzückt vor einem Schaufenster steht und nicht bemerkt, daß jemand, der nichts Gutes mit ihr vorhat, sich ihr leise nähert. Frag' Dich, was Du Dir ungern eingestehst, sieh' nicht weg, wenn Du in Dir oder in anderen Gedanken und Gefühlen spürst, die nicht gerade aufbauend sind. Sei ehrlich mit dir und anderen! Ich wüßte nichts, was wichtiger für Dich und mich wäre als dieses: so wahrhaftig wie möglich mit uns selbst und mit anderen umzugehen.

Sei aber nicht weniger ehrlich gegenüber den Dingen im Leben um Dich herum und in Dir selbst, die gut sind und schön. Such' auch und vor allem diese Dinge! Warum? Weil sie das Leben um Dich herum und Dich selbst fördern, weiterbringen, schönmachen. Das ist im Grunde das, was die Logotherapie, mit der ich mich – nicht immer mit Deiner Zustimmung – so viel beschäftige, vermitteln will: erkennen zu lernen, was in den ständig anderen und neuen Lebenssituationen wichtig, gut und schön, was jetzt dran ist – und das auch jetzt zu tun. Der Mensch ist ein Homo viator, ein ständig Reisender, der nie an den Ort zurückkehrt, an dem er einmal war. Deshalb ist es schon wichtig, aufmerksam zu werden allem gegenüber, dem ich hier und heute begegne, „sehen" zu lernen, was jetzt sehenswert ist, denn die Gegenwart ist der „Ort", an dem wir leben, nicht die Vergangenheit und auch nicht die Zukunft.

Auf-merksam, seh-fähig und also tief-sinnig wird allerdings nur jener Mensch sein, der – ich bleib' noch bei meinem Bild vom Reisenden – immer wieder rastet, das, was er bislang gesehen hat, und das, was er vielleicht morgen kennenlernen wird, bei sich bedenkt und auf sich wirken läßt. Das heißt: Wir müssen – Du weißt, ich mach' das täglich – die Stille suchen, wenn wir zu uns kommen, bei uns sein und deshalb für das Leben aufnahme-fähig sein wollen. Wie das mit der Stille geht? Wenn Du magst, nimm Dir morgen früh einmal Zeit, vielleicht zehn Minuten, und laß zum Beispiel die Worte „für das Leben aufnahme-fähig sein“ auf Dich wirken. Denk’ nicht zu viel daran herum, spiel’ lieber mit den einzelnen Worten, füg’ das Sätzchen wieder zusammen und laß es als Ganzes auf Dich wirken. Mach’ Deine Erfahrungen, dann reden wir weiter. Weil wir täglich so viele Ein-drücke zu verarbeiten haben, die unserer Seele nicht zuträglich sind, sind wir darauf angewiesen, daß wir die uns fremden, belastenden Gedanken und Gefühle wieder loslassen, um für uns neue, sinn-volle wieder offen zu sein.

Das wohl wichtigste Wort in meiner Arbeit heißt Selbstverantwortung. Was das bedeutet? Die Menschen haben eine seltsam starke Neigung, das, was sie falsch gemacht haben, anderen anzulasten. Von dieser Neigung ist wohl keiner frei. Und doch kommt es darauf an, ihr so wenig wie möglich nachzugeben. Der Gewinn beim Schuldverschiebespiel liegt zweifellos darin, daß die durch die Fehler sich ergebenden Vorwürfe nicht auf der eigenen Seele zu lasten scheinen. Der Verlust bei diesem Spiel besteht jedoch darin, daß der „Spieler“ sich selbst um die Möglichkeit bringt, aus den selbstverursachten Fehlern zu lernen und aus eigener Kraft in einer neuen Situation sich angemessener verhalten zu können.

Selbstverantwortliches Leben, das heißt auch: Ich begreife, daß meine Veranlagung, meine Erziehung, meine Umwelt und auch die Welt, in der ich heute lebe, mich zwar in nicht geringem Maße einschränken, ich aber trotzdem die Möglichkeit habe, mich im Rahmen des Möglichen entfalten, ent-wickeln, mein eigenes Leben gestalten zu können. Und wenn ich denn schon die Menschen oder Dinge nicht ändern kann, so doch wenigstens – und das kann viel sein – meine Einstellung zu ihnen.

Selbstverantwortliches Leben, das heißt weiter: Ich entwickle ein Gespür für meine Möglichkeiten und Kräfte, das heißt: Ich werde mir meiner selbst bewußt, ich entwickle Selbstbewußtsein. Ich lerne, worin ich mir selbst trauen kann, und das bedeutet: Ich entwickle Selbstvertrauen.

Wenn Du zuerst fragst, ob und in welcher Weise Du selbst für jemanden oder für etwas verantwortlich bist, so fragst Du zuerst nach Deiner eigenen Kraft. Und fragst Du zuerst nach Deiner eigenen Kraft, so gibst Du der Schwäche in Dir jenen Stellenwert, der ihr zusteht: Sie ist ein Teil von Dir, aber sie beherrscht Dich nicht. Jede Idee hat die Tendenz, sich zu verwirklichen. Glaubst Du und suchst Du die Kraft der Selbstverantwortung in Dir, wirst Du herausfinden, daß Du auch für Dich selbst verantwortlich sein kannst. Glaubst Du und suchst Du nach Entschuldigungen dafür, warum Du „gegen die Umstände" in Dir oder draußen in der Welt nicht meinst ankommen zu können, wirst Du kapitulieren müssen. Suchst Du selbst Gründe zum Leben, wirst Du sie wahrscheinlich auch finden. Suchst Du sie nicht selbst – wie solltest Du sie finden?

Meinst Du, dieser Absatz über die Selbstverantwortung sei ein nicht sehr attraktiver? Das sieht nur so aus. Wer begonnen hat, sie – in der Tat – nicht mehr von sich zu schieben, wird Kraft in sich verspüren, die viel mit Freiheit zu tun hat. Wer aufgehört hat, sich auf die Kraft anderer zu verlassen oder sich aus dem Leben hier und heute herauszuträumen, wird die Entdeckung machen, daß Leben geht, gut sogar ... Irgendwann bleiben unsere Väter und Mütter – auch die im übertragenen Sinne – hinter uns, und wir finden uns allein auf unserem Wege vor, sind auf uns selbst, unsere eigenen Vorstellungen, Entscheidungen und Gefühle angewiesen. Dann ist es gut, sich in Selbstverantwortung eingeübt zu haben. Diese Einübung wird allerdings ein Leben lang weitergehen. So geht Leben, ja – so *geht* Leben.

Von Freiheit war eben schon die Rede. Meistens ist von Freiheit nur die *Rede.* Frei zu sein, frei sich zu entscheiden – dazu gehört, wie bei der Selbstverantwortung, viel Einübung. Ich will Dir keine langen Vorträge über die Freiheit von und der Freiheit zu den Menschen und Dingen halten. Nur auf eine Form der Freiheit will ich kurz zu sprechen kommen: auf die von der übermäßigen Angst vor der Meinung anderer. Diese Angst ist eines der Grundübel der Menschen. Es ist wichtig, gutgemeinte Kritik ernst zu nehmen. Es ist wichtig, sich nach den menschlichen Spielregeln zu erkundigen, und vielleicht haben sie eine gute Tradition. Dann wäre es gut, sich auch daran zu halten. Nur – es gibt Entscheidungen, die wir nicht vom Urteil anderer abhängig machen dürfen. Es gibt Verhaltensweisen, die zu uns gehören. Es gibt Gefühle und Gedanken, die aus der Tiefe unseres Herzens kommen und denen wir treu bleiben müssen. Die anderen brauchen unser Leben nicht zu leben, und Du und ich – wir müssen unser – verstehst Du? – unser *eigenes* Leben leben. *Uns* gehört es – nicht den anderen. Wir haben es zu verantworten – nicht die anderen. Wir gehen unseren Weg – nicht den der anderen. Wir suchen immer wieder den für uns geltenden Sinn – und nicht den anderer. Unser Leben hat ein Geheimnis – und es gibt niemanden, der da hineinzusehen und uns zu sagen vermöchte, was letztlich gut für uns ist und was nicht.

Und was die Angst, die übermäßige Angst betrifft: Ich kenne zwei Lebensmittel, die sich als besonders wirksam herausgestellt haben: Weich' so wenig wie möglich dem aus, wovor Du Angst hast! Du brauchst Dich dabei nicht zu übernehmen. Such' Dir selbst aus, was Du heute und was Du erst morgen oder später an Ängsten überwinden möchtest. Nur – versuch', Freiheit zu leben und Dir jene „Feinde" vertraut zu machen, die Deine Freunde werden könnten. Und das andere „Mittel": Die Angst wird uns dann nicht ganz beherrschen, wenn wir unsere Aufmerksamkeit auf *Wichtigeres* als die Angst richten. Was das

Wichtigere ist? Du wirst es herausfinden, wenn die Situation da ist. Aber Du solltest Dich darin üben, das jeweils Wichtigste erkennen zu können.

Es gibt Zeiten, in denen wir nicht nur Angst haben, sondern auch verzweifelt sind, zum Beispiel dann, wenn jemand, den wir sehr lieben, uns verlassen will. Verzweifelt sind wir allerdings nur dann, wenn wir unser ganzes Leben nur auf einen Menschen oder eine Sache gesetzt haben und er oder sie nicht hält, was wir uns von ihm oder ihr versprochen haben. Man darf eben nicht etwas, was irdisch ist, zum Gott machen, weil Irdisches niemals himmlisch sein wird – niemals. Und wenn Du doch einmal, was Dir vermutlich nicht erspart bleiben wird, Dein Herz verschenkst und es dabei verlierst – dann werden solche Zeiten, in denen der Schmerz die Seele zu verschlingen scheint, Dein Leben verändern, vertiefen, erweitern können – wenn Du versuchst, Dich ganz ehrlich zu fragen, was Du in Dir ändern mußt. Denn jeder Schmerz, jede Krise und jede Verzweiflung können für Dich zu neuen Gründen fürs Leben werden, wenn Du nicht aufgibst, Dich zu fragen, was wohl diese Zeiten Dir sagen wollen.

Es gibt nur einen wirklichen Feind für den Menschen – das ist die Resignation, das ist die Verbitterung. Der resignierende, verbitterte Mensch kreist nämlich nur um das, was er nicht hat, was er verloren hat oder meint, aus Gerechtigkeitsgründen hätte bekommen müssen. Der resignierende, verbitterte Mensch hat nicht begriffen, daß es immer zwei Dinge sind: Sich etwas vorzustellen und die Wirklichkeit zu erfahren. Nein, mein Kind – so viel Gerechtigkeit gibt es nicht in dieser Welt, und so viel Liebe gibt es auch nicht in dieser Welt, aber: Du wirst mit dieser Tatsache fertig, wenn Du selbst versuchst, so weit wie möglich gerecht zu sein und so viel wie möglich zu lieben. Du kreist dann nämlich weniger um das, was Du nicht hast, was Du verloren hast oder meinst, aus Gerechtigkeitsgründen hättest bekommen müssen. Und schließlich: Der resignierende oder verbitterte Mensch hat eine Wahrnehmungsstörung: Er verkennt, daß das uralte Gesetz des Lebens bestehen bleibt, daß Helles und Dunkles sich in dieser Welt die Waage halten. Ich wünsche Dir so sehr, daß Du in Dir selbst möglichst oft die Balance hast und Gelegenheit findest, ins helle Land zu sehen.

Es gibt eben auch Zeiten, in denen Du die Balance in Dir nicht hast. Du bist dann einfach müde vom Leben, Du kannst dann nicht mehr – weder suchen noch hoffen noch über Dich selbst hinauswachsen. Das Leben scheint Dich verlassen zu haben, scheint aus Dir herausgeflossen zu sein. Was ist dann zu tun? Vermutlich gar nichts. Ich habe den Eindruck, daß uns das uns umgebende Leben dann aushilft, wenn wir nicht mehr weiterkönnen. Ich glaube nämlich, daß dieses große Leben nicht will, daß ein Teil von ihm stirbt, obwohl der Augenschein dagegenspricht.

Was ist denn dieses große, uns umgebende Leben? Soll ich's Gott nennen? Ich habe eine gewisse Scheu, es so zu nennen. „Gott" – das ist der unzureichende menschliche Versuch, das Geheimnis des Lebens auf eine Formel zu bringen. Da Du aber weißt, was ich meine, wenn ich Gott sage, können wir ohne Definitionserklärungen miteinander weiterreden. Die Frage nach Gott als die religiöse Frage überhaupt ist eine besonders menschliche, wenn nicht die menschlichste Frage. Wer sie stellt, fragt danach, woher er kommt, wohin er geht, wie er sich als Mensch hier und jetzt verstehen soll; er fragt nach dem Sinn seines Lebens und dem Sinn des Weltganzen. Und gerade in diesen Fragen drückt sich seine Weltoffenheit, das heißt: seine Menschlichkeit aus.

Hör' niemals auf, diese Fragen zu stellen, denn sie sind Ausdruck eines lebendigen Herzens, und stellst Du sie, wirst Du erleben, wie Dein Herz noch lebendiger wird.

Überleg' Dir einmal und immer wieder, welche Gedanken Deinen Geist ausfüllen. Unser Geist wird immer etwas denken – jene Gedanken nämlich, die wir zulassen oder für die wir uns entscheiden. Lassen wir ihm Raum für negative, werden sie ihn bestimmen, lassen wir ihm Raum für gute, wesentliche und schöne Gedanken, werden diese unsere Grundhaltung dem Leben gegenüber bestimmen. Was denkt in uns? Was denken wir? Kannst Du zu den Gedanken stehen, die in Dir ablaufen – oder läßt Du solche zu, die gegen Dich selbst oder gegen andere oder gegen das Leben überhaupt gerichtet sind? Es gibt Leit-Sätze in uns, die zu Leid-Sätzen werden können. Wenn man zum Beispiel immer wieder den Satz „Das kann ich nicht" zuläßt, wird man sich nicht wundern müssen, wenn er immer mehr alles Denken und Handeln bestimmt. Wer sich dagegen etwa von dem Satz „Das kriegen wir schon hin" leiten läßt, wird überrascht sein, daß selbst manche schwierige Dinge vergleichsweise einfach zu lösen sind.

Der Mensch lebt jedoch nicht vom Geist allein. Ich erfahre in der Praxis fast täglich, daß unser Denken, Empfinden und Fühlen in nicht geringem Maße von unserem leiblichen Zustand abhängig sind. So gibt es zum Beispiel Ängste oder Depressionen, die ihre Ursache nicht in erster Linie im seelischen, sondern im körperlichen Bereich haben. Weil nämlich Leib, Seele und Geist eine unmittelbare Einheit darstellen, be-einflußt jede menschliche Dimension die andere. Erlebst Du beispielsweise ein großes Glück, dann schlägt Dir Dein Herz bis zum Hals; bist Du etwa körperlich müde oder kränklich, so wird Deine Stimmung wahrscheinlich nicht besonders gut sein. Es ist schon wichtig, seinen Körper regelmäßig zu trainieren.

Nicht unwichtig ist auch die engere Welt, in der wir leben: die Wohnung und ihre Bilder, die Straße und ihre Menschen, die Stadt und ihre Kultur, die Landschaft, die Partner und Freunde und natürlich auch der Beruf. Sie prägen uns weit mehr, als wir's uns eingestehen mögen.

Und wenn von Bildern die Rede ist–: Wie sehr wünsche ich Dir, daß Du immer mehr Zugang zur Kunst bekommst: zur Malerei, zur Musik, zum Theater, zum Gedicht. Kunst erreicht, wenn wir sie hinreichend erfühlen, vielleicht auch erkennen (erkennen und lieben haben im Hebräischen dieselbe Sprachwurzel), die Tiefenschichten unserer Seele und unseres Geistes. Sie belebt die Bilder der Tiefe des Menschen, in der unser Lebensgefühl seinen Grund hat.

Auch die Träume mit ihren merk-würdigen Bildern gehören zum Wichtigsten bei der Entfaltung der Persönlichkeit. Sie sind Mahner, Warner, Wahrheitsfinder, Wegweiser, Tröster, Mutmacher – Träume sind unsere unbestechlichen Freunde. Schreib' Dir hin und wieder einen Traum auf, lies ihn wie ein Märchen, laß ihn auf Dich wirken, schieb' ihn beiseite, wenn Du meinst, Du könntest ihn nicht entschlüsseln. Weil Träume unsere Freunde sind, wirken sie für uns auch dann, wenn wir ihnen nicht gerecht werden. Und – wenn Du magst, fragst Du hin und wieder auch mich.

Und wenn Du einmal Wichtiges mit einem Menschen besprechen willst und mich nicht fragen magst, dann such' Dir einen Menschen Deines Vertrauens, mit dem Du besprechen kannst, was Dir auf der Seele liegt. Es ist so gut, einen Menschen zu haben, dem man sein Herz aus-schütten kann. Es gibt diesen Menschen, ihn vielleicht für diese Zeit, morgen vielleicht einen anderen. Sein Herz ausschütten – das heißt: sich leermachen von alledem, was uns belastet, uns zu schwer wird, was wir nicht über eine zu lange Zeit mit uns tragen sollten. Und jener Freund, der aufnimmt, was Dir zu schwer wird, kann das tragen, weil er Dir gut ist und ihm an Dir und Deinem Leben gelegen ist. Es gibt Freunde, die Engeln nicht unähnlich sind. Sie stellen sich einem allerdings nicht einfach in den Weg; sie lassen sich jedoch finden, wenn man sich für Begegnungen dieser Art offen-hält.

Freunde zeigen uns manchmal auch, daß es wenig Größeres in diesem Leben gibt als dieses: einem anderen zu verzeihen. Verzeihen heißt, einem anderen Fehler, Versagen oder Schuld nicht mehr nach-zutragen - nicht zuletzt aus dem Wissen heraus, daß niemand von uns über die Fülle von Leben verfügt, die es ihm ermöglichte, vollkommen zu sein. Und: Verzeihen heißt auch - nicht Gerechtigkeit, sondern Liebe als das Größte im Leben zu sehen.

Was aber ist Liebe? Mir fällt ein Gedicht von Erich Fried ein, einem Schriftsteller, den ich sehr liebe. Du findest es in seinem Büchlein: Es ist, was es ist (Verlag Klaus Wagenbach, Berlin):

Dich

Dich dich sein lassen
ganz dich

Sehen
daß du nur du bist
wenn du alles bist
was du bist
das Zarte
und das Wilde
das was sich losreißen
und was sich anschmiegen will

Wer nur die Hälfte liebt
der liebt dich nicht halb
sondern gar nicht
der will dich zurechtschneiden
amputieren
verstümmeln

Dich dich sein lassen
ob das schwer oder leicht ist?
Es kommt nicht darauf an mit wieviel
Vorbedacht und Verstand
sondern mit wieviel Liebe und mit wieviel

offener Sehnsucht nach allem –
nach allem
was du bist

Nach der Wärme
und nach der Kälte
nach der Güte
und nach dem Starrsinn
nach deinem Willen
und Unwillen
nach jeder deiner Gebärden
und deiner Ungebärdigkeit
Unstetigkeit
Stetigkeit

Dann
ist dieses
dich sein lassen
vielleicht
gar nicht so schwer

Ich kann's nicht lassen –, ich muß Dir noch ein Gedicht von Erich Fried aufschreiben. Es ist noch eines über die Liebe, vielleicht eines der schönsten, die jemals über die Liebe geschrieben wurden – und wie könnte ich es Dir vorenthalten?

Was es ist

Es ist Unsinn
sagt die Vernunft
Es ist was es ist
sagt die Liebe

Es ist Unglück
sagt die Berechnung
Es ist nichts als Schmerz
sagt die Angst

Es ist aussichtslos
sagt die Einsicht
Es ist was es ist
sagt die Liebe

Es ist lächerlich
sagt der Stolz
Es ist leichtsinnig
sagt die Vorsicht
Es ist unmöglich
sagt die Erfahrung
Es ist was es ist
sagt die Liebe

Wie alles, so ist auch die Liebe begrenzt durch den Tod – oder doch nicht? Ich weiß es nicht, kein Mensch weiß es. Wir sind eben begrenzt durch unsere Zeit und unseren Raum, in dem wir Menschen leben. Der Tod grenzt unser Leben ein, aber das heißt zunächst nur: Er grenzt *dieses* Leben ein. Ob ich an ein Weiterleben nach diesem Leben glaube? Ja, ich glaube daran, nicht zuletzt deshalb, weil ich mir nicht vorstellen kann, daß diese Kostbarkeit, nämlich unser Leben, auch Deines und meines, ausgelöscht werden könnte. Ich riskiere die Hoffnung, daß es zu all' den Tränen, die wir hier geweint haben, ein großes Lachen gibt – jenseits aller Tage. Ob ich mich auf diesen Glauben verlassen kann? Nein, mein Kind, das kann ich nicht – aber ich wüßte nichts Besseres als diesen Glauben. Ob Du nicht vielleicht doch Angst haben müßtest vor diesem unbekannten Land, das ja keiner von uns kennt? Mir hilft eine Legende, die Jörg Zink in seinem Büchlein „Unter weitem Himmel" (Kreuz-Verlag) erzählt hat:

Ein Hirt saß bei seiner Herde
am Ufer eines großen Flusses,
der am Rande der Welt fließt.
Wenn er Zeit hatte

und über den Fluß schaute,
spielte er auf seiner Flöte.

Eines Abends kam der Tod über den Fluß
und sagte: Ich komme,
um dich nach drüben mitzunehmen.
Hast du Angst? Warum Angst? fragte der Hirt.
Ich habe immer über den Fluß geschaut.
Ich weiß, wie es drüben ist.
Und als ihm der Tod die Hand auf die Schulter
legte,
stand er auf und fuhr mit ihm über den Fluß,
als wäre nichts.
Das andere Ufer war ihm nicht fremd, und die
Töne seiner Flöte,
die der Wind hinübergetragen hatte,
waren noch da.

Liebe Corinna, Du siehst, daß meine väterliche Fürsorge einmal wieder zu weit gegangen ist. Der Brief ist ja viel zu lang geworden! Du kannst Dir jedoch mühelos vorstellen, wieviel ich Dir noch sagen möchte ... Ob wir noch einmal miteinander über diese Worte reden? Wichtiger allerdings ist es, das eine oder andere, das uns aufgegangen ist, zu tun.

Es grüßt Dich
in alter Liebe
Dein Vater

Leitgedanken des Hamburger Instituts für integrative Logotherapie

Einleitung

In den folgenden Abschnitten versuche ich, für Kollegen und interessierte „Laien" die Leitgedanken der Logotherapie darzustellen, wie wir sie im Hamburger Institut im Laufe mehrerer Jahre erarbeitet, weiterentwickelt und praktiziert haben. Grundlage unseres Denkens und Praktizierens ist das existenzanalytische Menschenbild Viktor E. Frankls und dessen therapeutische Ausgestaltung, die Logotherapie. Frankl selbst hat uns ermutigt, den von ihm gewiesenen Weg eigenständig weiterzugehen: „Als Forschungsrichtung ist sie (die Existenzanalyse, Anm. d. Verf.) offen, und zwar in zwei Dimensionen: sie ist bereit zur Kooperation mit anderen Richtungen und zur Evolution ihrer selbst."

Jede Psychiatrie, jede Psychotherapie und jede Lebensberatung, die nur systemimmanent orientiert ist, gleicht einem Wanderer, der an einer Seite eines Berges steht und behauptet, er sehe den ganzen Berg. Deshalb ist jeder Konfessionalismus in Therapie und Beratung Ausdruck einer eingeengten Sicht der Wirklichkeit. Der Vielschichtigkeit menschlicher Wirklichkeit hat vielmehr ein vielschichtiges Forschen, Therapieren und Beraten und ein ständiger interdisziplinärer Dialog zu entsprechen.

Um möglichst klar unseren eigenen Ansatz beschreiben zu können, verzichte ich auf die Markierung unserer Abweichungen von der Existenzanalyse und Logotherapie Frankls und verweise daran interessierte Leser auf dessen bekanntes Schrifttum.

Wir verwenden im folgenden den Begriff „Therapie“, obwohl er unserem Verständnis vom Menschen und seinen Störungen nicht angemessen zu sein scheint. Auch der Terminus „Beratung“ trifft nicht hinreichend das, was unsere Leitgedanken zum Ausdruck bringen sollen. Am ehesten kommt die Wendung „Hilfe zur Ent-bindung und Entfaltung der menschlichen Fähigkeiten“ inhaltlich dem nahe, was wir als Aufgabe und Ziel unserer Arbeit sehen.

I.

Das existenzanalytische Menschenbild ist eine Form der Welt-Anschauung, die zu konkreten therapeutischen Ausgestaltungen in der Arbeit mit leidenden Menschen geführt hat. Existenzanalytische Logotherapie (Logos = Sinn) ist
- *„sinnzentrierte Psychotherapie“* (Frankl),
- *„Existenzorientierung und Daseinshilfe* für jeden, der sein Leben sinnvoll gestalten will“ (Böckmann), und damit unter Umständen
- *Prophylaxe* körperlicher und seelischer Störungen.

Die existenzanalytische Logotherapie ist ein eigenständiger Weg zum Menschen unter anderen Wegen. Trotz ihres eigenständigen Ansatzes konkurriert sie nicht mit anderen Verfahren, sie korrespondiert mit ihnen.

II.

Mitte des existenzanalytischen Menschenbildes ist
- das Postulat von Sinn im Leben, der erfahrbar ist. Leben hat Sinn, im Leben ist Sinn vor-handen. Sinn muß deshalb nicht geschaffen, sondern gefunden werden;
- die Erfahrung der Kraft von Verantwortung für sich und andere und die darin begründete Fähigkeit des Menschen, trotz aller Begrenztheiten sein Leben gestalten und bejahen zu können;
- die – existenzanalytisch zu gewinnende – Überzeugung,

daß in jedem Menschen, auch wenn es ihm nicht bewußt sein sollte, ein ur-sprüngliches Gefühl lebendig ist, sinnvoll dasein zu wollen.

Der Mensch ist „ein Wesen auf der Suche nach Sinn" (Frankl).

III.

Die Logotherapie stellt sich die Aufgabe, den bedrängten, von sich selbst evakuierten, seelisch gestörten Menschen nicht nur funktions-, sondern auch und vor allem seinsfähig werden und ihn „Mut zum Sein" (Tillich) finden zu lassen. Darum sind

- nicht primär das Krankhafte, sondern das Gesundmachende,
- nicht primär die pathologischen Verhaltensweisen, sondern die im Grunde vorhandenen Fähigkeiten,
- nicht primär das den Menschen Bedingende, sondern sein Unbedingtes,
- nicht primär das Bedrängende, das existentielle Vakuum, die seelische Störung, sondern das Gelingende, die Möglichkeiten zu freier und verantwortlicher Entscheidung

Themen der Logotherapie.

Die existenzanalytische Betrachtung des Positiven führt den Menschen zur Wahr-nehmung dessen, was er – seinem Sinnbedürfnis entsprechend – im Grunde will. Und zu seinem „Grunde", zu sich „selbst" wird er nur dann kommen, „bei sich sein" und „zu sich stehen" wird er nur dann können, wenn er „im Leben", das heißt: in den wechselnden Situationen seines konkreten Lebens jene Werte wahr-nimmt, die für ihn Geltung haben und deshalb sein eigenes Leben sinn-voll machen können.

IV.

Die Betrachtung des Negativen, Bedrängenden, Störenden steht im Dienste der Erhellung von Sinnfindungs-Barrieren, die Sinnverwirklichung erschweren. Der Mensch lebt nicht vom Geist allein, sondern auch von einer jeden Einsicht in körperliche, seelische und soziale Probleme und deren Überwindung. Logotherapeutische Arbeit ist demnach beides: Hilfe

- zur Erhellung dessen, was den Menschen von sich selbst entfremdet, und
- zur Erhellung dessen, was der Mensch sein und werden kann.

V.

Die Gegenwart ist der Ort, an dem der Mensch existiert, und deshalb gilt ihr vorrangig die Aufmerksamkeit logotherapeutischer Arbeit. Damit jedoch die Sinnfindungs-Barrieren sichtbar werden, ist häufig auch die Erhellung des vergangenen Lebens not-wendig. Eine Psychotherapie, die sich dem vergangenen menschlichen Sein verschließt, verkennt die Macht jener psychischen Tradition, die sich im Laufe eines Lebens gebildet hat und unter Umständen den Stoff darstellt, aus dem die Sinnfindungs-Barrieren sich aufbauen konnten. Welche Bereiche der Vergangenheit thematisiert werden sollten, ist jeweils von den ungelösten Fragen der Gegenwart abhängig, die die Sinnqualität eines Lebens vermindern oder gar vorübergehend unmöglich machen.

Wir haben erfahren, daß der Mensch in dem Maße Verantwortung für sich und andere zu übernehmen bereit ist, in dem er sich im Blick auf sein vergangenes Leben verstehen und in angemessener Weise entschuldigen kann.

Wir haben darüber hinaus erfahren, daß der bei einem leidenden Menschen häufig verkrustete Bereich der Phantasie nicht selten dann wieder durchlässig wird, wenn die Er-innerungen an einstmals gelebte oder doch erahnte Sinnmöglichkeiten wieder zum Vor-schein kommen.

VI.

Obwohl die sozialen Bedingtheiten nicht zum vorrangigen Themenbereich der Logotherapie gehören, verkennt sie nicht die wechselseitigen Bezüge zwischen Person und Außenwelt. Deshalb sieht sie ihre Aufgabe auch darin, die den Klienten umgebende engere und weitere „Welt" nicht nur zu interpretieren, sondern auch und vor allem ihn zu motivieren, sie so weit wie nötig und möglich zu verändern. Auch das soziale Eingreifen des Therapeuten scheint uns nicht nur möglich, sondern sogar geboten zu sein, wenn die Außenwelt dem Klienten gegenüber so stark ist, daß er nicht aus sich selbst heraus seine für ihn geltenden Werte verwirklichen kann.

VII.

Mitte der Logotherapie ist der menschliche Geist. Geist ist ein Postulat und deshalb – wie z. B. die Freiheit, die Liebe, die Hoffnung – empirisch nicht verifizierbar. Erklärbar sind seine Erscheinungsformen nicht, verstehbar und vor allem erfahrbar dem, der die Wirklichkeit des Geistes als eine anthropologische Gegebenheit annimmt (ein Bild zum Nachdenken: Die bunten Fenster eines Domes und die Kraft ihrer Aussagen sieht und erfährt nicht der vor dem Dom Stehende; sie erschließen sich nur dem, der in den Dom hineingeht).

Was ist Geist?

Geist ist die jedem Menschen „im Grunde" gegebene Fähigkeit, in den Grenzen des Möglichen

- den inneren und äußeren Einflüssen gegenüber sich frei und verantwortlich verhalten,
- auf Unveränderbares sich einstellen,
- von sich selbst weg auf die in den wechselnden Situationen sich anbietenden Sinn-Gestalten „sehen" und Sinn erfahren zu können.

Geist ist der Grund für den „Mut zum Sein".

Geist ist der anthropologische Ort des Hauptmotivs menschlichen Handelns, des „Willens zum Sinn“ (Frankl).

Geist ist der anthropologische Ort, an dem der Mensch sich nicht nur frei und verantwortlich entscheidet, sondern auch ahnt, glaubt, liebt, hofft, künstlerisch tätig wird – sich selbst transzendiert und sich von sich selbst distanziert. Geist ist un-bedingt, nicht aber unbedingt verfügbar. Er erschließt sich nur dem, der sich den in wechselnden Situationen seines Lebens einbeschlossenen Wertmöglichkeiten öffnet.

Das unbewußt Geistige

Geist ist bewußt und unbewußt. Das „unbewußt Geistige“ ist der „tragende Grund“ (Frankl) des bewußten Geistes und damit der Kern der menschlichen Persönlichkeit. Und dieser Kern entzieht sich, weil er geistig ist, jeder Selbst- und Fremdbeobachtung.

Das Unbewußte ist also nicht nur triebhaft, sondern auch geistig. Diese anthropologische Grundannahme und die Annahme, daß das unbewußt Geistige als tragender Grund der Person sich jedem beobachtenden Zugriff entziehe, sind für die therapeutische Arbeit von grundlegender Bedeutung:

1. Das Unbewußte ist nicht nur der den Menschen bedrohende Seinsbereich, im Gegenteil: Das unbewußt Geistige gibt dem bewußt Geistigen überhaupt erst die Möglichkeit zur Entfaltung seiner Möglichkeiten.

2. Wenn das bewußt Geistige im Unbewußten seinen Grund hat, dann ist das Wesen des Menschen nicht primär durch das Intellektuelle und Rationale, sondern durch das unbewußt-geistig Emotionale gekennzeichnet: „Le cœur a ses raisons que la raison ne connaît pas“ (Pascal) – das Herz hat seine Gründe (zum Leben, Anm. v. Verf.), die die Vernunft nicht kennt.

3. Entzieht sich das unbewußt Geistige jeder Selbst- und Fremdbeobachtung, so bedarf es eines ihm eigenen Erkenntniszuganges.

4. Das gilt auch für die Traumanalyse. Zwar gelten auch für die existenzanalytische Traumdeutung die in der klassischen Psychotherapie erarbeiteten Deutungshilfen – sie allein aber werden zum Verstehen des Homo humanus nicht ausreichen.

Erscheinungsformen des Geistes

1. Freiheit

a) Zwar schränken die Triebe die Freiheit ein, ausgeliefert aber ist der Mensch ihnen nicht: „Der Mensch hat Triebe ...; aber die Triebe haben nicht ihn“ (Frankl).
b) Der Mensch ist bedingt auch durch seine Anlagen, aber er kann sich auf sie einstellen.
c) Auch die Umwelt konditioniert den Entscheidungsraum des Menschen, doch sie konstituiert ihn nicht.

Letztlich entscheidet der Mensch über sich selbst – trotz aller biopsychischen und sozialen Bedingtheiten. Geist – und also auch Freiheit als dessen Erscheinungsform – ist weder Funktion dieser Bedingtheiten noch sind diese dessen Ursache. Was von Freiheit gilt, ist grundsätzlich auch von menschlicher Verantwortung zu sagen:

2. Verantwortung

Freisein ist stets und primär ein Freisein zum Verantwortlichsein. Ver-antwort-lich ist der Mensch für die existentielle Beantwortung der „Fragen“, die ihm „das Leben“ stellt, das heißt: für die Verwirklichung der in den wechselnden Situationen sich ihm anbietenden Sinn-Möglichkeiten. Freiheit und Verantwortung sind die Voraussetzungen für Sinnfindung. Was aber Sinn für den Menschen als die ihm angemessene „Möglichkeit vor dem Hintergrund der Wirklichkeit“ (Frankl) sei, erkennt der Mensch in seinem Gewissen.

3. Gewissen

Psycho-soziale Ein-flüsse prägen und leiten den Menschen zwar in erheblichem Maße, dennoch „weiß“ er selbst „im

Grunde", in seinem Gewissen, was für ihn sinnvoll sei und was nicht. Sein vor-moralisches Wertverständnis eröffnet ihm die Sicht für jene Werte „im Leben", deren Realisierung zur Sinnfindung führt. Den unter Umständen verdeckten oder verschlossenen Zugang zu diesem Wertgefühl (wieder) öffnen, damit zugleich sein Sinnbedürfnis ansprechen und ein vertieftes Freiheits- und Verantwortungsgefühl entwickeln zu helfen, ist die vorrangige Aufgabe der existenzanalytischen Logotherapie.

4. Wille zum Sinn

Das menschliche Sinnbedürfnis gründet, wie Freiheit, Verantwortung und Gewissen, im unbewußt Geistigen. Der Mensch sucht Sinn – das ist sein primäres Motiv zum Leben. Nicht nur überleben, sinnvoll leben will er. Diese Motivationstheorie Frankls ist dimensional verschieden von den im klassischen Stadium der Psychotherapie entwickelten Theorien und umfassender als diese. Sinn will der Mensch leben – vor allem anderen: vor der Befriedigung der Lust, des Geltungsstrebens und auch vor Selbstverwirklichung. Ist der Sinnwille freigelegt, ahnt, spürt, fühlt der Mensch, was er zu einem authentischen Leben braucht, streckt er sich aus auf das ihm Wesentliche, kommt sein Mut zum Sein zum Vorschein und damit zugleich seine Bereitschaft, selbst für die Veränderung seines Lebens sorgen zu wollen.

Der Sinnwille wird unter den gegenwärtigen Lebens-Bedingungen in besonderer Weise an seiner Entfaltung behindert. Das daraus resultierende Sinnlosigkeitsgefühl zeigt sich in Massenphänomenen wie Sucht, Depression, Selbst- und Fremdaggression. Generell kommt es in Identitätsstörungen zum Vorschein, die sich körperlich und seelisch, auch in krankhafter Weise, auswirken. Weil nämlich der Mensch eine Einheit von Leib, Seele und Geist und der Sinnwille der tiefste Beweggrund des Menschen ist, hat sein Erfüllt- oder Nichterfülltsein mit Sinn für ihn zentrale und vitale Bedeutung.

Diese Aufgabe wird unseres Erachtens allerdings in dem

Maße erschwert werden, in dem wir die Ambivalenz, Widersprüchlichkeit und Gespaltenheit des Menschen verkennen. Es ist deshalb an der Zeit, daß die existenzanalytische Logotherapie die psychoanalytische Einsicht in die Macht des triebhaft Unbewußten neu bedenkt und sie für ihre Motivationstheorie in eigenständiger Weise fruchtbar zu machen sucht.

5. Sinn

Sinn kann der Mensch sich nicht geben, er kann ihn nur finden; und er findet ihn „im Leben". Leben hat „Aufgabencharakter". Es „stellt ihm Fragen – er hat zu antworten, und zwar indem er die Lebensfragen beantwortet – indem er sein Leben ver-antwortet. Er muß also nach einer Antwort ans Leben suchen, den Sinn des Lebens suchen – um ihn schließlich zu finden, aber nicht zu er-finden". Und dieser Sinn ist immer „ein konkreter, und diese seine Konkretheit bezieht sich sowohl auf die Einzigartigkeit jeder Person als auch auf die Einmaligkeit jeder Situation" (Frankl).

Weil Sinn-Suche Lebens-Suche ist und die dem Menschen sich stellenden Fragen Lebens-Fragen sind, hängt von der Beantwortung dieser Fragen die Qualität seines Lebens ab. Wenn er sein Dasein nicht existentiell, das heißt: nicht gesamtmenschlich ver-antwortet, entwickelt sich in ihm ein „existentielles Vakuum" (Frankl), das ihn elementar stören, pathogen werden, zur „noogenen Neurose" (Frankl) führen kann. Mit anderen Worten: Der um sich selbst kreisende und/oder sich nicht auf die sich ihm anbietenden Lebens-Inhalte ausrichtende Mensch gelangt nicht zum Sinn seines Daseins und damit nicht zu sich selbst, ist oder wird sich selbst fremd, ist oder wird ein Mensch im Widerspruch zu sich selbst, ist in sich gespalten, kommt nicht zu sich, ist nicht bei sich, kann nicht zu sich stehen und sich deshalb nicht auf die sich ihm persönlich anbietenden Sinn-Gestalten ein-lassen – er kann sich nicht auf Leben ein-lassen.

VIII.

Seelische Störungen sind, sofern ihnen nicht primär somatische Ursachen zugrunde liegen, aus der Sicht der Logotherapie, wie wir sie verstehen, letztlich Ausdruck und Folge einer dem Menschen unangemessenen Lebenshaltung und Lebensführung. Seelische Störungen sind Symptome ungelebter Lebensmöglichkeiten, nicht gelebter Möglichkeiten von Freiheit und Verantwortung. Seelische Störungen sind letztlich ungelebte Sinn-Möglichkeiten (vgl. auch C. G. Jung: „Die Psychoneurose ist im letzten Verstande ein Leiden der Seele, die ihren Sinn nicht gefunden hat"). Logotherapie ist demnach Hilfe zur (Wieder-)Erlangung der Fähigkeit, die gegebenen Sinn-Möglichkeiten erkennend und handelnd wahr-nehmen zu können.

IX.

Existenzanalyse nennen wir

1. die Analyse jener körperlichen, seelischen und sozialen Barrieren, die die Ent-bindung und Ent-faltung der geistigen Fähigkeiten eines Menschen be-hindern (Sinnfindungs-Barrieren),
2. die Analyse „auf eigenverantwortliches, selbstgestaltetes und menschenwürdiges Leben hin" (Längle), eine Hilfe zur Entbindung und Ent-faltung jener geistigen Fähigkeiten, die Sinnfindung ermöglichen.
3. Mit Existenz meinen wir demnach das gesamtmenschliche Dasein in den Dimensionen von Leib, Seele und Geist – als Dasein in einer konkreten Gesellschaft und in einer konkreten Zeit.

Die beiden „Techniken" der Logotherapie, die „paradoxe Intention" und die „Dereflexion" (Frankl) – wegen ihrer methodischen Transparenz leicht darstellbar –, sind eine konsequente therapeutische Ausgestaltung der beiden anthropologischen Grundgegebenheiten menschlicher Existenz: der Fähigkeit, sich von sich selbst distanzieren und sich selbst transzendieren zu können.

a) Die von Frankl entwickelte paradoxe Intention, die sich besonders bei überwertig geängsteten und zwanghaften Menschen anbietet, setzt die spezifisch menschliche Fähigkeit zur Selbstdistanzierung voraus und den Humor als Mittel zu ihrer Mobilisierung ein. Der Klient wird vom Therapeuten angeleitet, „sich das", so Frankl, „zu wünschen, wovor er sich fürchtet", so daß „der (Erwartungs-)Angst der Wind aus den Segeln genommen wird". Der Therapeut will damit erreichen, daß der Klient „seiner Angst ins Gesicht lacht" und sich auf diese Weise mehr und mehr von ihr distanziert.

b) Wird mit der paradoxen Intention der Klient angeleitet, seine Ängste und Zwänge zu ironisieren, so mit der Dereflexion – ihre Voraussetzung ist die Fähigkeit zur Selbstdistanzierung –, seine Ängste zu ignorieren und damit den Selbstbeobachtungszwang zu reduzieren. Er lernt, seine Aufmerksamkeit auf Wichtigeres und Sinnvolleres hin-zulenken als auf das Angstobjekt. Frankl: „Je mehr der Kranke eine Sache in den Vordergrund seines Bewußtseins stellt, die sein Leben sinnvoll und lebenswert zu machen vermöchte, um so mehr rückt seine eigene Person und treten damit seine persönlichen Nöte in den Erlebnishintergrund."

X.

Die Logotherapie ist keine systematisierte Methode der Gesprächsführung. Der Grund liegt in ihrem Respekt vor der Unverwechselbarkeit des Menschen. Das Gespräch zwischen Therapeut und Klient muß „offen"-bleiben, damit der Klient, ohne von einem methodischen Konzept oder einem therapeutischen Vorverständnis eingeengt zu werden, sich selbst in seiner Individualität und seiner spezifischen Problematik zur Sprache bringen kann. Offenbleiben muß das Gespräch aber auch noch aus einem anderen Grund: „Der psychotherapeutische Dialog", so Frankl, „der nicht auf einen Sinn hin eröffnet wird, dessen Rahmen also nicht auch schon gesprengt wird, bleibt ein Dialog ohne Logos." Das heißt: Aus logotherapeutischer Sicht ist von entscheidender Bedeutung, daß das Gespräch auch zur Konfrontation des Klienten mit jenen Fragen und Themen führt, die seine geistigen Bedürfnisse betreffen, so zum Beispiel die Fragen nach Glaube, Hoffnung, Liebe, Freiheit, Verantwortung, Sinn –, Fragen und Themen, die in jedes menschliche Leben gehören, ob sie ihm bewußt sind oder nicht.

Will man trotzdem von einer Methode der Gesprächsführung sprechen, so ließe sich sagen, daß die Logotherapie eine „sokratische Tendenz" hat und versucht, dem Klienten zu helfen, in ihm Verschüttetes freizulegen, Verzerrtes zu entzerren und Geahntes bewußtzumachen.

Wir nennen diese Art der Gesprächsführung das „verdichtete Gespräch". Das bedeutet: Der Therapeut versucht, so „dicht" wie möglich „bei" den Worten des Klienten zu bleiben, sie zu hören, zu bedenken, zu befühlen, sich zu fragen, ob das von dem Klienten ausgesprochene Wort ausdrückt, was er denkt und fühlt, ob Wort und Gefühl eine Einheit sind oder nicht und ob er, der Therapeut, versteht, was sein Gesprächspartner meint. Ist der Klient in seinen Worten bei sich, sind wir in unseren Worten beieinander? Lenkt er sich in dem, was er sagt, weg von sich, hin zu sich? Lenke ich als Therapeut ihn weg von sich, hin zu sich? Ist zum Beispiel das, was ich bei dem Wort „Angst" fühle, das, was auch er mit diesem Wort verbindet; ist nicht seine Geschichte mit Angst eine andere als meine? Ich halte ihm das Wort noch einmal hin, lasse ihn nach-denken, nach-fühlen; vielleicht findet er ein neues, angemesseneres Wort für das, was er hat sagen wollen.

Das „dichte Gespräch" ist ein auf-merksames Gespräch zwischen zwei Menschen, die sich von dem Wunsch leiten lassen, sich selbst und den anderen verstehen zu wollen. Ziel eines solchen Gespräches ist, daß der Klient seine Sinnfindungs-Barrieren erkennt, die ihm gegebenen Lebens- und Sinn-Möglichkeiten in den Blick bekommt und sie zu realisieren ermutigt wird.

Die Beziehung zwischen Therapeut und Klient, von Frankl als „personale Begegnung" erwünscht, ist unseres Erachtens durch drei Einsichten bestimmt:

1. Beide, Therapeut und Klient, machen die Erfahrung der Ambivalenz menschlichen Lebens. Größe und Elend erfahren beide in dem Maße, in dem sie sich den Wahrheiten ihres Lebens stellen.
2. Beide, Therapeut und Klient, sind – jeder für sich – nach Sinn suchende Menschen; darum kann der Therapeut niemals Lebens-Leiter des anderen, sondern immer nur sein Begleiter – auf Zeit – sein.
3. Daraus resultiert als Einstellung des Therapeuten zum Klienten:
   - Du sollst keine Angst haben, wenn Du mir Deine Wunden zeigst und Dein Scheitern. Ich habe keinen Anlaß, Dich zu bewerten.
   - Ich will Dir helfen, daß Du Dich selber findest, indem Du Deine „im Leben" einbeschlossenen Sinn-Möglichkeiten findest.
   - Und wenn Du gehst, sollst Du Dich verabschieden können ohne Peinlichkeit und Schmerz. Ich lasse Dich frei.

XI.

Logotherapie ist indiziert bei

1. Menschen, die nach Existenzorientierung suchen – Beispiele sind:
   - Sinnverlust, Sinnmangel, Mangel an Sinnqualität
   - ethische Konflikte
   - Lebensängste
   - Lebensmüdigkeit
   - Reifungskrisen
   - unveränderbares Leiden
   - Partner- und Familienkonflikte
   - berufliche Identitätskrisen

2. Menschen mit „neurotischen“ Störungen – Beispiele sind:
   - Ängste
   - Depressionen
   - Zwänge
   - Süchte
   - sexuelle Störungen
   - psycho-somatische Störungen
3. Menschen mit psychotischen Störungen – Beispiele sind:
   - begleitende Gespräche mit psychiatrisch behandelten endogen-depressiven und/oder manischen Patienten
   - begleitende Gespräche mit psychiatrisch behandelten schizophrenen Patienten

Zu 2.:

a) Wir kritisieren jedes Neurosenverständnis in Medizin und Psychotherapie, dessen Grundlage das Pathologiemodell ist – denn es ist einseitig auf das Defizitäre im Menschen ausgerichtet.
b) Wir akzeptieren, daß „neurotische“ Störungen physiologische Grundlagen haben oder somatogen sein können. Deshalb halten wir – bei allen „neurotischen“ Störungen – die Zusammenarbeit des nichtärztlichen Therapeuten mit dem jeweils zuständigen medizinischen Fachkollegen für unerläßlich.
c) Wir haben erfahren, daß Menschen durch ihre Lebensgeschichte so geschädigt sein können, daß die dadurch entstandenen Risse oder Verkrustungen der Seele zunächst einmal andere therapeutische Verfahren erforderlich machen, ehe eine sinnzentrierte Arbeit einsetzen kann.

Zu 3.:

Wir sind uns dessen bewußt, daß begleitende Gespräche mit psychotisch kranken Menschen nur in unmittelbarer Kooperation mit dem behandelnden Psychiater geführt werden können.

XII.

Als elementare Inhalte der Logotherapie gelten unserem Verständnis nach:

- Leben hat Sinn.
- Sinn kann gefunden werden.
- Nicht gefundener und gelebter Sinn kann krank machen.
- Der Mensch ist immer mehr als seine Krankheit.
- Wichtiger als die Überwindung der Krankheit ist Sinn-Findung. Denn:
- Sinn-Findung ist Leben. Doch:
- Weil Sinn-Findung Leben ist, kann Sinn-Findung menschliches Leben gesunden lassen. Und:
- Weil Sinn-Suche und Sinn-Findung mit dem ganzen Menschen zu tun haben, hat Logotherapie auch mit dem ganzen Menschen zu tun: mit seinem Elend – und seiner Größe.

Das Wichtigere als die Angst

Die zur Zeit des Beratungsbeginns etwa 35jährige Frau W., eine zierliche Italienerin (Name und biographische Daten sind geändert), war seit zehn Jahren krank. Eine längere Psychotherapie vor zwei Jahren hatte zwar vorübergehend Linderung ihrer Ängste gebracht, bald nach Beendigung ihrer Therapie waren jedoch ihre Störungen massiv wieder zum Vorschein gekommen.

I. Symptome

Frau W. hat Angst vor der Angst, Angst vor dem Tod und Angst vor dem Leben. Das Leben ist für sie „unberechenbar". Sie hat Angst vor dem bevorstehenden Tag, hat Angst davor, daß z. B. ihr Mann und ihre zehnjährige Tochter verunglücken könnten. Sie hat Angst, allein das Haus zu verlassen, und Angst, allein zu Hause zu sein. Sie ist verzweifelt angesichts ihrer Unfähigkeit, am Leben teilnehmen zu können. Leben findet für sie nicht statt.

Starke somatische Störungen – Kreislaufstörungen, Herzsensationen, Atemstörungen u. a. – begleiten ihre Ängste. Organische Krankheitsbefunde liegen nicht vor.

II. Vorgeschichte

Frau W.s Verhältnis zum Vater ist „schwierig“; sie hat Angst vor ihm. Ihre Mutter verliert sie mit 15 Jahren durch einen Verkehrsunfall. Vater verbietet ihr zu trauern. Sie weint nicht. Auch ihre Schwester und ihr Bruder weinen nicht. Ein halbes Jahr nach dem Tod der Mutter „bricht“ sie „zusammen“. Sie glaubt, sterben zu müssen. Todesangst überflutet ihre Seele. Eine ärztliche oder psychotherapeutische Intervention erfolgt nicht.

Ängste dieser Art brechen vorläufig nicht wieder auf, auch oder vielleicht deshalb nicht, weil sie eine eigene Wohnung bezieht, eine Ausbildung als Krankenpflegerin beginnt und sich so weit wie möglich auf eigene Füße zu stellen versucht.

Mit 22 Jahren kommt sie aus Italien nach Deutschland, lernt ihren späteren Mann kennen, fühlt sich bei seiner Familie wohl und läßt sich heiraten - vorschnell, wie sie später erkennen wird.

Die Ehe geht zunächst nicht gut. Der Mann erscheint ihr initiativlos, sie langweilt sich. Sie selbst wird inaktiv, vereinsamt zunehmend. Mit 25 Jahren wird ihre Tochter - das einzige Kind - geboren. Schon während der Schwangerschaft setzen starke Ängste ein - sie bleibt zu Hause. Mehrere Todesfälle ihr nahestehender Menschen - ihr Bruder verunglückte wenige Jahre vor der Geburt ihres Kindes - vertiefen ihr Gefühl, nichts sei weniger möglich als dem Leben zu trauen.

Was macht ihr Leben heute aus?

Vor allem die Angst und die daraus folgenden Konsequenzen; sie fühlt sich wie eine Gefangene. Dann die Ehe: Die Beziehung ist symbiotischer Art und daher hilfreich und störend. Ist der Mann zu Hause, fühlt sie sich stark, gleichzeitig nimmt er ihr „die Luft zum Atmen“. Durch seine Überfürsorglichkeit empfindet sie sich als „vollkommen nutzlos“. „Existentielles Vakuum“ - ja, dieses Wort treffe auf sie zu, sagt sie. Sie ist zwar aggressiv ihm gegenüber, weil er ihr die Möglichkeiten, wenigstens zu Hause „nützlich“ zu sein, nimmt; gleichzeitig aber läßt sie sich alle Arbeit abnehmen. Ihr Mann sagt, die Arbeit für seine Frau sei ihm primär seine Form der Sinnerfüllung. – Ihre Tochter liebt die Klientin sehr. Doch die 10jährige ist, wie ihr Vater, zunehmend besorgt um die Mutter. Auch diese Beziehung hat bereits symbiotische Züge. Und: Beide Elternteile rivalisieren um die Gunst des Kindes – die Familie ist in sich verstrickt.

III. Beratung

1. Das Wahr-nehmen der Ängste

Durch das Kennenlernen und Wahr-nehmen der Ängste gewinnt der Klient eine Beziehung zu ihnen. Er lernt zwischen den schwereren und leichteren zu differenzieren, erkennt, welche er wohl schon bald, welche er vielleicht erst später wird bewältigen können. Vor allem aber: Er erkennt, was ihm fehlt: Seinsgeborgenheit, Sinnfülle und Freiheit.

Konkret beschäftigte die Klientin sich mit folgenden Fragen: Wie, wo und auf welche Weise kommen die Ängste zum Vor-Schein? Wie fühlen sie sich an? Haben sie etwa einen Namen? Sagen sie mir etwas? Die schwereren, die leichteren, die älteren, die jüngeren Ängste ... In welche Tiefen reichen sie? Das möglichst detaillierte Ansprechen der Ängste führt nicht nur zu ihrem deutlicheren Erkennen, sondern wirkt entlastend. Beziehungslosigkeit bedroht; Sprache finden für das Bedrohliche vermindert die Angst. Und schließlich: Wenn der geängstete Mensch seine Gefühle zu differenzieren lernt, reduziert sich jener globale Druck, der von jedem anonymen Angstgefühl ausgeht.

Was „fehlte“ unserer Klientin? Jenes Evidenzgefühl: Leben ist möglich, auch wenn es ständig gefährdet ist. Dieses Gefühl von Lebensgewißheit hatte sie als 15jährige auf der Straße von Turin verloren. Jenes feine Netz des Gefühls relativer Unbefangenheit dem Leben gegenüber wurde damals zerrissen.

Allerdings: Ganz fest war es nie gewesen: Vor dem Vater hatte sie immer schon Angst gehabt, und die Mutter, so hören wir später, hatte häufig – wegen ihrer schlechten Ehe – mit Selbstmord gedroht. Sie hatte nicht gelernt, dem Leben zu vertrauen.

In der Schwangerschaft brechen dann die Fragen – nicht zuletzt durch die angedeuteten Todesfälle – wieder auf: Kann Leben gehen? Kann ich selber Leben tragen und zum Leben erziehen? Habe ich etwas, woraufhin ich mich beziehen kann, was mir Beziehung zum Leben gibt? Sie hatte nichts Wesentliches, woran sie ihr Herz hätte hängen können.

3. Die Beziehung Therapeut – Klient

Frau W. erschien mir seelisch und geistig verhungert, als ein Mensch, der nur selten seine Möglichkeiten zum Vorschein gebracht hatte – ein schönes, intelligentes, aber gefangenes Lebewesen. Solche Menschen berühren mich, und dann denke ich manchmal, daß, wenn ein Mensch verletzt ist, die ganze Menschheitsfamilie verletzt ist, und das tut mir weh.

Darum entwickelte ich den unbedingten Wunsch, dieser Frau zu helfen und ihr bei der Suche nach dem Aus-weg aus ihrer Angst zur Seite zu stehen. Sie ihrerseits entwickelte Vertrauen zu mir, weil sie meine Bereitschaft, ihr helfen zu wollen, sah.

4. Die wichtigste Frage

Ist der verschüttete Stollen zum Grundbedürfnis des Menschen, dem Willen zum Sinn, freigelegt, dann ist die wesentliche Bedingung für die Möglichkeit, ihm helfen zu können, gegeben. Fragen, die diesen „Stollen“ öffnen helfen, sind z. B. diese:

Willst du gesund werden? Willst du dich von deiner Krankheit trennen? Willst du ja zum Leben sagen? Willst du das?

Der so Gefragte kommt vielleicht zum ersten Mal in seinem Leben zu der Erkenntnis, daß das Vorzeichen vor der Klammer seines Lebens, von dem alles abhängt, markiert wird von der Beantwortung dieser Fragen.

5. Die Vergegenwärtigung des Gefühls von Freiheit

Seelische Störungen sind Symptome ungelebter Lebens-Möglichkeiten, nicht gelebter Möglichkeiten von Freiheit und Verantwortung. Das gilt auch für den krankhaft sich ängstigenden, sich in die Enge getrieben fühlenden Menschen. Frei fühlt er sich gerade nicht – aber frei möchte er werden. Deshalb ist wichtig, ihn nicht nur seine Symptome ansehen, sondern ihn auch und vor allem hinsehen zu lassen auf das, was er – im Grunde – sein möchte und ist: ein zur Freiheit und Verantwortlichkeit fähiger Mensch. Es gilt also, seinen Denk- und Fühlrahmen erweitern zu helfen, damit ihm auf-geht, daß Menschsein auch heißt, sich verändern zu können. Um das zu erreichen, boten sich für unsere Klientin folgende Hilfen an:

- freie Einfälle und Assoziationen zum Wort „Freiheit“,
- das Sich-erinnern-Lassen von Situationen, in denen sie sich frei gefühlt hatte (sie wurde dazu angehalten, möglichst anschaulich davon zu erzählen),
- die Frage, worin sie gegenwärtig mehr als bisher von ihrer Möglichkeit, sich frei zu verhalten, Gebrauch machen könne, ohne sich übermäßig ängsten zu müssen,

- die Klientin die Geschichte ihres Ausweichens stichwortartig niederschreiben und berichten lassen,
- sie jene Situationen suchen und beschreiben lassen, in denen sie gegenwärtig auszuweichen neige, und sie ermutigen, so häufig wie möglich solchen Situationen nicht nur nicht aus dem Wege zu gehen, sondern sie geradezu – von sich aus, also frei – aufzusuchen. So konnte sie lernen, daß jedes nicht notwendige Ausweichen vor sie ängstigenden Begebenheiten immer auch ein Schritt weiter auf dem Wege zur Überwindung ihrer Ängste war.

6. Dereflexion

Möglichkeiten von Freiheit können nicht nur wahrgenommen, sie können auch *wahrgemacht* werden. Und sie werden in dem Maße wahrgemacht, in dem ein Mensch erkennt, was das Wichtigere ist gegenüber dem, was unfrei macht, einengt, Angst macht. Dann reduziert sich auch die Erwartungsangst, jenes Gefühl, das den Blick einseitig, die Wirklichkeit verzerrend, an das Angstobjekt bindet und dadurch gerade die Angst überwertig erhöht.

Möglichkeiten von Freiheit wahrmachen – das lernte die Klientin u.a. durch folgende Übungen:

- Sie wurde angehalten, jeden Tag vor die Tür zu gehen, einen, fünf, dreißig oder hundert Meter weit zu gehen und sich auf ihrem Wege Balkone, Haustüren, Vorgärten oder Gesichter – so gut es ging – anzuschauen, also ihren Blick hin-zulenken auf das, was sie interessant und schön finden könnte.
- Zu einem späteren Zeitpunkt unserer Arbeit wurde ihr z.B. empfohlen, ihre Tochter von der Schule abzuholen und auf dem Wege dorthin sich das erstaunte und freudige Gesicht des Kindes vorzustellen.

Bei diesen Übungen, die wir miteinander suchten, war besonders wichtig, daß sie selbst entschied, was sie machte, wie weit sie ging und wie oft sie übte. Auf diese Weise entwickelte sie zunehmend ein Gefühl für die Notwendigkeit, selber Mitverantwortung für die Überwindung ihrer Störungen übernehmen zu müssen und – zu können. Dem Vorschlag, jeden Abend drei Erfolgserlebnisse zu notieren, folgte sie mit Lust, ja, sie setzte sogar allen Ehrgeiz darein, mehr als drei Erfolge aktenkundig machen zu können.

Längere Zeit war ihr bei ihren Übungen ein Assistent behilflich, der sich in der Nähe des von ihr angegebenen Zieles aufhielt und ihr das Gefühl vermittelte, nicht verlassen zu sein, wenn die Angst übermächtig geworden wäre. Mit ihm suchte sie auch „vor Ort" nach neuen Übungsvarianten.

Behilflich war ihr über eine längere Zeit auch eine Eutonie-Pädagogin, die sie anleitete, immer wieder die ihr gemäße Spannung selber einstellen zu können.

7. Die Arbeit mit dem Partner

Der Ehemann nahm an vielen unserer Sitzungen teil, nicht zuletzt deshalb, weil beide Partner – beunruhigt von Berichten, nicht selten führe Psychotherapie zur Trennung – den Wunsch nach dieser Zusammenarbeit äußerten. Und beide zeigten mir anschaulich, daß ihre Beziehung in besorgniserregender Weise symbiotisch geworden war.

Nach der Erhellung des beide krank machenden Beziehungsgeflechts kreisten die Gespräche um folgende Themen:

- Im Blick auf ihn: Liebe sieht, Liebe macht seherisch, sie läßt frei und verändert dadurch den anderen. Und auf diese Sätze – und nicht nur darauf – ließ der Mann sich ein, weil er seine Frau in der Tat liebte.
- Im Blick auf sie: Wenn ich mündig werden will, muß ich den Mund aufmachen und selber dafür sorgen, daß ich mir nicht meine Aufgaben abnehmen lasse. – Die Gespräche führten zu einer glücklicheren Ehe und auch zu einer nicht geringen Entlastung des Kindes.

Träume zeigen häufig in eindrucksvoller Weise, was den Menschen an der Verwirklichung seiner Möglichkeiten hindert und welche ihm gegebenen Möglichkeiten er (noch) nicht Wirklichkeit werden läßt.

Gegen Ende unserer Arbeit hatte die Klientin folgende Träume: Sie und ihr Mann sehen, daß ihr Haus sich in einem renovierungsbedürftigen Zustand befindet. Ihr kommt die Frage: Sollen wir die notwendigen Arbeiten selber verrichten oder das Haus renovieren lassen?

Es ist Sommer. Sie schläft in einem Kornfeld. Neben ihr steht ein festlich gedeckter Tisch, um den herum viele Menschen sitzen.

Beide Träume machten sie hellwach. Sie begriff: Aufstehen muß ich; an den Tisch des Lebens setzen muß ich mich; selbst die Dinge in die Hand nehmen – darauf kommt es an! Und sie begriff noch tiefer als in den Wochen zuvor: Die Angst macht mich nicht ganz aus, ich kann mich von ihr distanzieren, ich kann mich von ihr „trennen". Ich bin nicht identisch mit meinem Angstgefühl.

IV. Die Veränderungen in ihrem Leben

- Zunächst verweigerte die Klientin beharrlich, Ideen, wie sie ihren Alltag verändern könne, umzusetzen. Ihr Wunsch nach Veränderung war groß, ihre Angst noch größer.
- Durch die Rückeroberung ihres häuslichen Terrains entdeckte sie wieder Aufgaben, die sie nicht nur beschäftigten, sondern sie – zunächst einmal – ausfüllten. Und sie entdeckte: Veränderungen sind möglich.
- Die Erlebnisse „draußen in der Welt" – also auf den Straßen in der Nähe ihres Hauses – weckten in ihr einen unbändigen Hunger nach alten und neuen Lebens-Erfahrungen. Die ersten Geschäftsbesuche notierte sie mit Stolz.

- Sie übernahm kleinere Jobs, z. B. die Vertretung in einer Galerie, erteilte Italienisch-Unterricht in Hauskreisen u. ä. Die Frage nach einer hauptberuflichen Tätigkeit, die ihr zunächst sehr wichtig gewesen war, verblaßte zunehmend unter den täglich neuen Erfahrungen mit Leben.
- Sie spürte immer mehr ihren Hunger nach gutem, authentischem Leben in der Welt, knüpfte, nicht hektisch, neue Beziehungen zu Menschen, denen es gut ging, und zu solchen, die litten, und das waren nicht wenige. Unaufdringlich war sie für sie da, und überfordern ließ sie sich auch nicht.
- Dann begann sie zu reiten und entdeckte auch dadurch, daß der Mensch, der sich auf Leben ein-läßt, am ehesten ge-lassen sein kann.

Was half der Frau – im Grunde? Die gelebte Einsicht, daß nur in der konkreten Beziehung zur Welt, zum Leben, zu den Sinn-Gestalten des Lebens, die meine Sinn-Gestalten sind, mein Leben sich füllt, sinnhaft füllt und so der Raum für Angst sich immer mehr verkleinert.

Nach ihrer Teilnahme an sechs Sitzungen einer Sinnerfahrungsgruppe arbeiteten wir 25 Stunden miteinander.

Frei werden von Zwängen

Um zu zeigen, in welcher Weise logotherapeutisch mit Menschen gearbeitet werden kann, die überwertig an Zwängen leiden, will ich vorweg einige ihrer markantesten Eigenschaften zu beschreiben versuchen:

I. Das Wesen der Zwänge

1. Der Zwangskranke entzieht sich seiner auch ihm grundsätzlich gegebenen Möglichkeit und Aufgabe, selbst zu entscheiden, was für ihn sinnvoll ist und was nicht.

2. Aus der daraus resultierenden Ohnmacht entwickelt sich in ihm ein überwertig starker, ihm häufig nicht bewußter Drang nach Macht, den er, hat er Gelegenheit dazu, in aggressiver Weise auslebt.

3. Seine unterdrückt-aggressive Grundhaltung führt ihn zunehmend zu einer negativ gefärbten Sicht des Lebens. Er liebt das Leben nicht und also auch nicht sich selbst. Das Leben in Gestalt der ständig ihm begegnenden Situationen seiner Geschichte hat für ihn immer weniger Aufgaben-, Aufforderungs- und Möglichkeitscharakter. Er fühlt sich überfordert und weiß doch zugleich, daß seine Unfähigkeit, die sich ihm anbietenden Sinnmöglichkeiten zu leben, kein bloßes Widerfahrnis ist. Er fühlt sich schuldig – sich selbst und anderen gegenüber – und erlebt dadurch zunehmend Sinnleere, Ohnmacht und Entscheidungslosigkeit.

4. Sein Drang nach Vollkommenheit, der sich in Ersatzhandlungen auf den Nebenschauplätzen seines Lebens austobt (z. B. hundertmaliges Handwaschen pro Tag, fünfzigfa-

ches Wiederholen eines Gedankens), ist der verzweifelte Versuch, in einem Ausschnitt seines Lebens zu sichern, was im Leben selbst sicher nicht zu haben ist: hundertprozentiges Erkennen und Handeln. Und Sicherung will er, weil er Angst davor hat, unvollkommen zu denken und zu handeln, Un-recht zu tun. Der Drang des Zwangskranken nach Vollkommenheit ist letztlich der ungekonnte Versuch, den Entzug der Liebe zu vermeiden, wenn und weil er erkennt, daß er seiner ihn bestimmenden inneren Norm nicht entspricht. Er kann sich schwer damit abfinden, daß die Erde nicht der Himmel ist.

5. Der Zwangskranke, der sich den Entscheidungen für sinnvolles Leben entzieht, das Leben in seiner gegenwärtigen Gestalt ablehnt und seine Existenz auf den Nebenschauplätzen seiner Zwangsrituale zu rechtfertigen sucht, verfehlt die dem Menschen aufgetragene Primäraufgabe: sich selbst zu transzendieren, sich der Welt hinzugeben, zu lieben. Er bleibt bei sich, kreist um sich und seine nie gelingenden Versuche, sein Leben zu rechtfertigen – er lebt fern vom Leben.

6. Weil er primär in sich selbst lebt und nicht in der Welt, verkennt und mißachtet er, daß er als Mensch nicht nur Individuum, sondern auch Gemeinschaftswesen ist, und verliert auf diese Weise die Gelegenheit, nicht nur selbst zu lieben, sondern auch sich selbst lieben zu lassen. Und so verliert er immer mehr den Glauben an die Liebe.

7. Wenn der Zwangskranke religiös ist, so kämpft er zwar nicht selten um den Glauben an den liebenden Gott, seine seelischen Erfahrungen mit der Liebe in dieser Welt verstellen ihm jedoch den Blick für die Güte und bedingungslose Liebe Gottes. Er behauptet sie, aber er fühlt sie nicht. Was er von Gott fühlt oder zu fühlen meint, ist jene Forderung nach Gerechtigkeit im Leben, die er selbst als Gerechtigkeitsgeißel in sich trägt.

8. Der Zwangskranke läßt sich nicht auf Leben ein; er ist ein Rebell gegen die gegenwärtige Verfaßtheit der Welt – das macht seine Größe aus und seine Tragik. Er liebt das

Leben – wie wohl kaum ein anderer – in seiner Idee vom Leben; und er haßt es – wie wohl kaum ein anderer – in der ihm eigenen Erfahrung der Wirklichkeit. Er verachtet die, die sich mit der Verfaßtheit der Welt arrangieren, und sehnt sich gleichzeitig nach den „Wonnen der Gewöhnlichkeit" (Th. Mann). Ja sagt er zum Leben, und nein sagt er; alles will er, nur auf das Ganze nicht verzichten. Was er im Grunde will, ist Liebe – für sich und andere; was er erreicht, ist Ablehnung.

9. Der Zwangskranke spiegelt in seinen rigiden Forderungen die Vision des vollkommenen Menschen wider – in vollkommener Liebe und Einheit, in der Verbundenheit von Himmel und Erde, aber er scheitert an seinem verzerrten Wirklichkeitsverständnis, das in der Verkennung der Möglichkeit sinnvollen Lebens liegt und angesichts einer Welt, die in sich gespalten ist.

10. Der Zwangskranke ist nicht frei, er ist versklavt von der Angst, an sich selbst und anderen schuldig zu werden; und er ist auch nicht frei für die herr-liche Möglichkeit, selbst zu entscheiden, was ihm und anderen gemäß ist. Er hat Angst vor der Freiheit und damit Angst vor den Möglichkeiten, die er in einem in Freiheit geführten Leben finden und realisieren könnte. So – paßt er nicht in diese Welt.

II. Therapeutische Hilfen zur Überwindung der Zwänge

1. Weil der Leib die vitale Basis für Seele und Geist und der Mensch eine leiblich-seelisch-geistige Einheit und Ganzheit ist und daher jede Dimension auf die anderen Dimensionen Einfluß nimmt, wird der Leib, wenn die Seele gestört ist, unter Umständen rasch wirksame Hilfe der Seele vermitteln können. Das gilt auch und vielleicht im besonderen für den überwertig an Zwängen leidenden Menschen.

Welcher Art die Hilfen sein sollten, hängt von der Eigenart der Person, ihren Gewohnheiten und Neigungen, den zwangsneurotischen Situationen, in denen der Mensch lebt und sicher auch von den therapeutischen Notwendigkeiten ab: ob konkrete Körperarbeit oder Entspannungshilfen, ob Eutonie oder Atemtherapie. (Eine Konkretisierung: Häufig zeigt sich das Autogene Training in Verbindung mit den Vorsatzformeln: „Niemand und nichts ist vollkommen" oder: „Es bleibt bei jedem Erkennen, es bleibt auch bei jeglichem Handeln ein unerledigter Rest" als besonders gute partielle Hilfe in der Arbeit mit Zwangskranken.)

Aus dem künstlerischen Bereich können auch Elemente der Malerei, der Musik und des Tanzes entlastend, lösend und befreiend wirken.

Wann immer ein Mensch seelisch erkrankt ist – er kreist mit seinen Gedanken und Gefühlen um sein Symptom und sein leidendes Ich, und so transzendiert er sich nicht in dem für ihn hinreichenden Maße. Und jeder persönliche Mangel an freier Hinwendung zur Welt führt zur Unter- und Überspannung, die vor allem im Leiblichen anschaulich und fühlbar wird und unter Umständen leichter als im Seelisch-Geistigen konkreter Hilfe zugänglich ist.

2. Jedes detaillierte Beschreiben-Lassen der Zwänge – vom ersten Impuls bis zu seiner quälenden Ausformung – ist für viele an Zwängen Leidende lösend und befreiend. Darüber hinaus kann das Beschreiben-Lassen der Abläufe das Verständnis für das neurotische Geschehen entwickeln helfen. Das zwanghafte Geschehen zu be-namen ist ein erster Schritt, sich von ihm distanzieren zu können.

3. Eine Erleichterung, insbesondere für die erste Zeit unserer Arbeit mit ihm, kann darin bestehen, daß wir ihn ermutigen, all das, was ihn im Zusammenhang mit seinen Zwängen quält und peinigt, niederzuschreiben, frank und frei, ohne Punkt und Komma, dem Fluß seiner andrängenden Gedanken und Gefühle entsprechend, und danach das Geschriebene zu vernichten.

4. Der Zwangskranke durch-schaut in aller Regel die sich in ihm vollziehenden Abläufe nicht und fühlt sich deshalb als Objekt ihn steuernder, von ihm jedoch nicht benennbarer Kräfte. Deshalb kann es ihm eine Hilfe sein,

wenn wir ihm bereits in einem frühen Stadium der Therapie unser allgemeines Verständnis der Entstehungsgeschichte von Zwängen nahezubringen versuchen. Unsere Theorie wird ihm möglicherweise dabei behilflich sein, ein wenig klarer als bisher unterscheiden zu können zwischen den gesunden und kranken Anteilen in ihm, vor allem aber kann er durch eine größere Transparenz der Zwangsabläufe die existenzanalytische Arbeit eigenständiger mitvollziehen.

5. In aller Regel liegt die wesentliche Hilfe für ihn im Erkennen und Anerkennen der Ursachen, Gründe und Auswirkungen seiner Zwänge (siehe Teil I).

Existenzanalytische Arbeit mit zwangskranken Menschen bedeutet:

a) die Erhellung des ihn anklagenden inneren Chorus, von dem er sich gezwungen fühlt, die ihn quälenden Zwangsrituale zu vollziehen, so daß er nicht zu den ihm eigenen Sinngestalten gelangt,
b) die Erhellung seiner Möglichkeiten, selbst und frei und verantwortlich entscheiden zu können.

Ein konkretes Beispiel aus unserer existenzanalytischen Arbeit ist das folgende „Script für eine Zwangskranke“, das einer 55jährigen Frau, die seit etwa 30 Jahren unter ihren Zwängen litt, zur Vertiefung unserer Arbeit gegeben wurde. Die von uns erarbeiteten Gedanken, die sie in Form eines Summariums „schwarz auf weiß“ vor sich sah, vollzog sie immer wieder nach und be-griff auf diese Weise zunehmend einerseits die Sinnlosigkeit ihrer zwanghaften Handlungen, andererseits die auch ihr grundsätzlich gegebene Freiheit zur eigenen Entscheidung. Die diesem Script eigene Sprache entspricht dem Sprachgefühl der Klientin.

„Ich habe Zwänge. Zwänge, wie ich sie habe, sind krankhaft. Obwohl sie krankhaft sind, übernehmen sie für mich eine seltsame, scheinbar sinnvolle Aufgabe: Sie bannen meine Ängste.

Was sind das für Ängste? Ich habe ständig Angst, für Verfehlungen, die ich in aller Regel gar nicht erinnere, bestraft zu werden. Ich habe auch Angst, Schönes und Wichtiges nicht verdient zu haben, und auch dann stellen sich Zwänge ein. Habe ich sie dann vollzogen, ist mir so, als hätte ich nun die Erlaubnis, mich auf das Schöne oder Wichtige einlassen zu dürfen.

Und warum sollen ausgerechnet die Zwänge meine Ängste bannen? Weil der eine Teil meiner kranken Seele mir einflößt, ich könnte auf diese Weise meine Verfehlungen sühnen – oder eine Vorleistung für bevorstehende schöne oder wesentliche Dinge erbringen.

Wenn ich mich auf die peinigenden Zwänge nicht einließe? Ich hätte dann Angst, „bestraft" zu werden, „bestraft" zu werden von einer mir nicht bekannten „Schicksalsmacht" – auf irgendeine Weise.

Und warum sollen gerade die Zwänge meine Angst vor möglicher Strafe verhindern? Weil der eine, kranke Teil meiner Seele mir einflößt, daß dann, wenn ich in einem Ausschnitt des Lebens Hundertprozentiges erreichte, ich gesichert sei – gesichert vor Strafe wegen begangener Verfehlungen oder künftiger Unredlichkeiten.

Aber – wer soll mich denn bestrafen, wer klagt mich denn an und zwingt mich zu diesen unsinnigen Handlungen? Sicher kein Gott, sicher auch kein anderer Mensch.

Da sind Stimmen in mir, Stimmen des einen, kranken Teiles meiner Seele, die sich im Laufe meiner Kindheit, Jugend und später festgesetzt haben und zu „meinen" Stimmen geworden sind. Nein, – das sind nicht Stimmen meines Gewissens, ganz gewiß nicht. Das sind Stimmen von Menschen, die von Freiheit und Verantwortlichkeit und von Liebe wenig wußten und mich auf ihre enge Weise zu leben eingeschworen haben – und ich war nicht dazu in der Lage, mir mein eigenes Urteil über mich und Welt und Leben bilden und danach entscheiden zu können.

Wenn ich mich auf die Stimmen jenes kranken Teiles meiner Seele einlasse und mich von ihnen zu Zwangshandlungen drängen und mich durch sie versklaven lasse, dann geschieht das nicht in meinem Sinne, im Sinne dessen, was ich im Grunde meiner Person will und wünsche.

Ich weiß: Was ich eigent-lich will – frei sein, lebendig sein, lieben, mich freuen, wichtige Aufgaben übernehmen – dazu komme ich gar nicht und verfehle so in der Tat (in der Tat!) mein Leben, werde ich im Grunde schuldig.

Zwänge haben nichts zu tun mit menschlicher Freiheit, Verantwortung, Liebe, Sinn. Zwänge sind Irrsinn, sind krankhaft. Lasse ich mich auf sie ein, dann lasse ich mich auf Irr-Sinn ein, nicht auf wirkliches Leben.

Letztlich bin ich es also selbst, der mich zwingt, diese unmenschlichen, peinlichen, peinigenden Rituale auszuführen. Kein Gott, kein Mensch zwingt mich dazu, und deshalb bin ich auch nicht dazu verpflichtet, mich grundlos zu quälen.

Ich darf leben, ich darf selbst entscheiden, was sinnvoll für mich ist und was nicht, ich darf die Zwänge lassen – ohne befürchten zu müssen, daß das Folgen haben könnte. Nichts Schreckliches wird mich treffen, wenn ich die Zwänge lasse, wenn ich mich ab heute auf das ein-lasse, was ich für richtig und wichtig halte, – denn der mich anklagende und bedrängende Chor in mir ist eine Ausgeburt des Unsinns.

Die Zwänge werden nicht gleich verschwinden und vielleicht nie ganz verschwinden. Vielleicht bleiben sie die Herausforderung meines Lebens und darin eine Chance für mich, eine Chance, mich – so weit es geht – auf das Freie, Weite und Tiefe des Lebens zu besinnen und es zu leben – sicher nicht hundertprozentig, aber im Glauben daran, daß das, was ich aus meinem Leben mache, genug ist.“

6. Der Zwangskranke hat nicht hinreichend zu entscheiden gelernt, ist zunehmend vor Menschen und Situationen ausgewichen; sein Blick engt sich immer weiter ein, sein Handeln reduziert sich auf das Notwendige. Es ist wichtig, daß er die Geschichte seines Ausweichens zu begreifen beginnt, weil er daran das von ihm mitzuverantwortende Geschick versäumten Lebens zu erkennen und gegen sich selbst zu protestieren anfängt, zu protestieren gegen seinen Mangel an gelebter Freiheit, Verantwortung und Liebe.

Diese Aufarbeitung steht ganz im Dienste der Verlebendigung seiner Gegenwart: Wo sind hier und jetzt Situationen, in denen er immer wieder ausweicht? Ist dieses Ausweichen schicksalhaft notwendig? Welchen Wert verwirklicht er nicht, wenn er ausweicht, und –: Kann es sein, daß er selbst dann etwas gewinnt, wenn er nicht das tut, was ihm sinnvoll zu sein scheint – wofür also will er sich entscheiden?

Jede Erfahrung, nicht ausweichen zu müssen, ist für den Zwangskranken eine längst fällige Einübung in die Notwendigkeit freier Entscheidung, ein Schritt zur Gesundung seines Wertgefühls und damit eine Reduzierung seiner überwertig starken Neigung, Schuldgefühle zu entwickeln, die dann in Zwangsrituale einmünden (zur Thematik „Einüben in freies Entscheiden" vergleiche das Kapitel „Das Wichtigere als die Angst".

7. Jeder Therapeut oder Berater hat seinen persönlichen Umgang mit den von ihm studierten Methoden. Das gilt für mich auch im Blick auf die Einführung der Paradoxen Intention und Dereflexion in die Arbeit mit zwangskranken Menschen. Nur selten biete ich sie losgelöst von dem hier vorgestellten Konzept an. Der Grund dafür liegt in meiner Erfahrung, daß in aller Regel überwertig starke Zwänge Ausdruck von Störungen sind, die die Mitte der Person betreffen und daher gründlich, das heißt: existenz-analytisch, aufgehellt und bearbeitet werden müssen, weil nur so der leidende Mensch zu einem für ihn dringend notwendigen veränderten Selbst- und Seinsverständnis kommen kann (zur Paradoxen Intention und Dereflexion vergleiche das Kapitel „Leitgedanken der Integrativen Logotherapie".

8. Weil der zwangskranke Mensch sich zutiefst minderwertig, fehlerhaft und schuldig fühlt, er jedoch mit diesem Gefühl nicht leben kann, versucht er, auch wenn es ihm nicht immer bewußt ist, sich zu rechtfertigen. Seine Zwänge sind im wesentlichen der Ausdruck dieser Rechtfertigungsbemühungen. Könnte er stehen zu seiner Unfertigkeit und Unvollkommenheit, könnte er akzeptieren, daß auch im „Keller" seiner Seele „Wölfe" ihr Unwesen treiben – wie in

jedem von uns –, könnte er, mit anderen Worten, sich selbst in seinen Träumen, Gedanken und Handlungen so ansehen, wie er ist, würde er von sich aus nach den Auswirkungen seines „wölfischen“ Denkens und Handelns suchen – er würde den größten Teil der Basis seiner Zwänge auflösen. Um einem möglichen Mißverständnis vorzubeugen: Es geht bei diesem Teil der Arbeit nicht um ein exzessives „Hinterfragen“ aller Denk- und Gemütsbewegungen – es geht viel mehr um die Hilfe dazu, daß sich der gestörte Mensch den mißliebigen Wahrheiten seines Lebens zu stellen lernt, dadurch seinen ihn krank machenden Selbstrechtfertigungsbestrebungen selbst ein Ende setzen und zu der ihm angemessenen Entscheidungsfreiheit gelangen kann.

Wichtige Voraussetzung für den Therapeuten ist, daß er selbst jene zitierten „Wölfe“ in sich kennen – und so weit wie möglich anzunehmen gelernt hat, denn der Klient, der not-wendiger-weise in seine Abgründe zu sehen begonnen hat, braucht einen Gesprächspartner, den nicht – angesichts dessen, was er zu sehen bekommt – blankes moralisches Entsetzen packt. Wie dagegen lösen sich die Verzerrungen und Verspannungen einer wundgescheuerten Seele, die sich einem anderen Menschen zeigen darf, wie sie ist – ohne verklagt zu werden! Da wird Krankes heil, da ent-faltet sich neues Leben, da werden uralte Wunden endlich über-wunden.

9. In aller Regel begreift die Umgebung des zwangskranken Menschen nicht den Sinn seiner Rituale, wodurch ihm zusätzlicher Druck und eine weitere Minderung seines Selbstwertgefühls entsteht. Deshalb empfiehlt es sich, seine Angehörigen, sofern er möchte, in die Abläufe seiner Störungen einzuführen.

10. Selbstverständlich wird der Klient den Wunsch haben, alle Störungen beseitigen zu wollen. Geschickt wäre es deshalb, ihm – an seinem eigenen Leiden – noch einmal zu verdeutlichen, daß nichts vollkommen ist, auch keine Therapie. Will er nämlich Freiheit von allen Symptomen, so gerät er wieder in jenen Selbstbeobachtungszirkel, der für

alles Neurotische kennzeichnend ist und ihn daran hindert, sich in gesunder Weise auf das Leben zu beziehen (vergleiche zum Thema Schicksalhafter Kern“ und zu der gesamten Thematik: Frankl, V. E., Psychotherapie in der Praxis, München/Zürich 1986, S. 163 ff.).

Logotherapeutische Krisenintervention bei einem Lebensmüden

Im folgenden Text möchte ich zeigen, welche logotherapeutischen Aspekte der Beratende in einem Erstgespräch mit einem akut selbstmordgefährdeten Menschen zu beachten hätte.

Ich lasse mich von der Vorstellung leiten, daß auch der lebensmüde Mensch mehr ist als sein Problem. Diese Vorstellung gibt mir die Möglichkeit, differenzieren zu können zwischen den verzweifelten Gefühlen in ihm und jenen, die, wenn vielleicht auch nur noch schwach, auf Leben ausgerichtet sind. Auf diese Gefühle ist er unter Umständen noch ansprechbar. Eine solche Differenzierung ist für mich zugleich deshalb hilfreich, weil der massive Druck, der von dem Signalwort Selbstmord ausgeht, sich reduziert. In 15 Punkten werde ich nun zu zeigen versuchen, in welcher Weise ein Erstgespräch einer Krisenintervention aussehen könnte.

1. Wir sitzen hier beieinander und sind doch wohl in zwei ganz verschiedenen Welten. Was Sie jetzt denken und fühlen –, ich weiß es nicht. Was ich denke, ist: Ich würde gern mit Ihnen ins Gespräch kommen, weil ich sehe, wie schlecht es Ihnen geht. Ob wir eine Brücke zueinander finden?

Das möchte ich Ihnen vorweg sagen: Von mir aus werde ich diese Brücke nicht mit Strategie bauen. Sie sollen immer erkennen können, was ich meine, wenn ich etwas sage. Ich wäre froh, wenn wir zueinander kämen, ich würde es respektieren, wenn Sie's nicht wollten. Ich habe über Ihr Leben nicht zu verfügen.

2. Das Leben, Ihr Leben, tut Ihnen weh, so weh, daß Sie nicht mehr leben – und vielleicht auch nicht mehr reden wollen. Wir könnten auch miteinander eine Weile schweigen. Aber wenn Sie sprechen möchten –: Was ist denn das Schwerste – jetzt – oder schon seit langem? Und mögen Sie mir erzählen, wie es dazu gekommen ist?

3. Ich habe das alles gehört, und ich habe, während Sie erzählten, mit Ihnen gefühlt. Es fällt mir nicht schwer, mir vorzustellen, warum Sie nicht mehr dasein wollen.

Haben Sie keine Sorge, daß ich nun versuchen werde, Sie zum Weiterleben zu überreden. Wohl aber möchte ich mit Ihnen überlegen, ob *jetzt* die Zeit ist, aus dem Leben zu gehen.

4. Sie haben alles versucht, Ihre Probleme zu lösen oder sich bei der Lösung helfen zu lassen? Was haben Sie unternommen? Haben Sie alles unternommen, um zu Lösungen zu kommen?

5. Da war vieles, was für Sie zu tragen offenbar schwer, zu schwer war, und vieles davon haben Sie wahrscheinlich nicht zu verantworten. Ich denke da an ... Können Sie das sehen, daß viel Leid, das Sie hatten, durch andere verursacht wurde (Beispiele nennen!)?

6. War da auch einiges Schwere, wofür Sie selbst verantwortlich sind? Mich würde es nicht wundern, wenn's so wäre ...

7. Sie sagen, Sie sind müde vom Leben. Ich glaube, Ihre Schwierigkeiten erahnen zu können – nach allem, was Sie mir von sich berichtet haben. Nun frage ich mich: Von welchem Leben sind Sie müde: von dem großen, weiten, uns umgebenden Leben, in dem auch jetzt gelacht, geliebt und geweint wird – oder von Ihrem eigenen, persönlichen Leben? Ich meine: Kann es sein, daß Sie vor allem an sich selbst und Ihrem Mangel an Lebensmöglichkeiten verzweifeln – oder: ist Ihnen eben dieses große, weite Leben Anlaß zur Verzweiflung? Oder gilt beides?

8. Sie wollen wirklich nicht mehr im Leben bleiben? Ist da nichts mehr, was Sie anzieht, wonach Sie Verlangen ha-

ben? Ist da in keinem Winkel Ihrer Seele mehr Sehnsucht nach diesem großen, weiten Leben – mit dem Lieben und Lachen, den Menschen, den Bergen, den Meeren? Ist da nichts mehr in Ihnen selbst, worauf Sie sich verlassen, was Sie entfalten, was Sie – vielleicht zum ersten Mal – entwickeln könnten?

9. Und noch etwas anderes: Könnte es nicht sein, daß Sie bislang etwas ganz Entscheidendes nicht bedacht haben: Nicht wir haben dem Leben Fragen zu stellen, das Leben stellt uns Fragen. Begegnen wir ihm so, daß wir *unsere* Pläne, Vor-stellungen und Wünsche meinen durchsetzen zu können, dann werden wir, wenn sie nicht erfüllt werden, zutiefst enttäuscht sein. Wenn wir dagegen danach Ausschau halten, was uns das Leben *seinerseits* anbietet, dann werden wir offen sein für die Möglichkeiten, die wirklich werden können – und für die Wirklichkeit, die Möglichkeiten für uns in sich birgt.

10. Was wären das für Fragen, die Ihnen das Leben jetzt stellt? Vielleicht diese –: ob Sie ihm jetzt, zu dieser Zeit, noch eine Chance geben. Vielleicht liegt jetzt, heute, der einzige – und einzigartige Wert Ihres Lebens darin, daß Sie es nicht wegwerfen, daß Sie weiter auf die Gründe zum Leben warten. Ich denke, es ist so gering nicht, wenn wir an jener Stelle unseres Lebensflusses, an der der Fluß nur noch ein schmales Rinnsal ist, darauf warten und hoffen, daß das Wasser wieder zu strömen beginnt. Wer Gründe zum Leben sucht, wird sie wahrscheinlich auch finden; wer keine sucht, – wie sollte er sie finden?

11. Das klingt gut, werden Sie sagen –; nur – wie denn soll ich mit meinen konkreten Problemen jetzt fertig werden?

Ich habe gegenwärtig auch keine Idee, ich muß darüber nachdenken, vielleicht auch Kollegen und Freunde fragen. Wichtig fände ich, wenn wir jetzt überlegten, was zur Zeit das Schwerste, was das Nächstschwerste ist und wie die weiteren Probleme in ihren Schwierigkeitsgraden aussehen – woran Sie ab morgen, woran erst später arbeiten könnten –, wenn Sie wollen, mit meiner Hilfe.

Es kann aber auch sein, daß ein Problem sich nicht lösen läßt – wir werden sehen. Es gibt Not, die bleibt und die letztlich doch kein Grund für uns ist, uns das Leben zu nehmen –, wenn wir darüber hinaus Wichtiges, Lebens-Wichtiges haben, das uns trägt. Mir fällt ein Bild ein: Stellen Sie sich vor, daß ein Steg über einen Bach aus drei Holzbohlen besteht, von denen die mittlere zerbrochen ist. Sicher wird dadurch das Überschreiten des Steges erheblich erschwert. Nehmen wir mal an, das mittlere Holz ließe sich nicht ersetzen und man brächte links und rechts des alten Steges zwei neue Bohlen an – die kleine Brücke wäre zwar keine architektonische Schönheit, man könnte aber mühelos den Bach überqueren. Solche Bohlen könnten Sie suchen, und ich suche mit, wenn Sie es wollen.

12. Nur – da ist etwas, was ich Ihnen nicht abnehmen kann – eine gewisse Bereitschaft zu entwickeln, noch ein Stückchen weiterzuleben, noch weiter suchen zu wollen, noch einmal zu probieren, ob Leben nicht doch geht.

Wollen Sie wirklich nicht mehr leben? Da ist nichts mehr in Ihnen, was leben möchte? Da ist keine Sehnsucht mehr nach etwas, was Ihr Herz anrühren könnte?

Ich weiß nicht, warum mir das gerade jetzt einfällt: Als ich ein kleiner Junge war, hatten andere Jungs mich in ein Wasser gestoßen, so daß ich fast ertrunken wäre. Und in dem Augenblick, in dem ich sicher war, sterben zu müssen, hatte ich bereits wieder sicheren Grund unter den Füßen. Könnte nicht unser Gespräch ein Stückchen neuer Boden für Ihr Leben sein?

13. Ich sehe Sie vor mir in Ihrer Traurigkeit, ich sehe, daß Sie fern sind von sich selbst, daß Sie tief verzweifelt sind – und dennoch oder gerade deshalb frage ich Sie: Sind *Sie* persönlich am Ende Ihrer Wege, verzweifeln Sie an sich selbst – oder meinen Sie, *das Leben selbst* sei mit Ihnen am Ende, das Leben selbst habe Ihnen nichts mehr zu bieten? Kann das Leben mit Ihnen am Ende sein, wenn es viel größer, weiter, tiefer ist als Sie selbst? Und wenn Sie meinen, Sie persönlich seien am Ende Ihrer Wege – meinen Sie, Sie

hätten schon das Ende Ihrer Wege gesehen? Meinen Sie, Sie hätten sich, Ihre Begabungen, Möglichkeiten und Fähigkeiten ausgeforscht?

14. Sie sagen wieder, Sie seien müde vom Leben. Das ist wohl so, ich sehe es Ihnen ja an. Dennoch frage ich Sie, weil ja noch Zeit ist, Sie das zu fragen: Wissen, spüren, ahnen Sie eigentlich, daß Ihnen und mir nichts anderes gegeben ist als dieses eine Leben –, daß wir letztlich keine Alternative haben? Und: Wollen Sie nicht erleben, wie dieses Leben auf natürliche Weise zu Ende geht?

15. Wenn Sie gleich gehen, werde ich weiter an Sie denken. Ich weiß nicht, ob Sie, wie ich es Ihnen vorschlagen möchte, morgen wiederkommen werden. Ich wünsche es Ihnen, und ich wünsche es mir. Ich wünsche es mir, weil Sie mir heute nahegekommen sind, und ich wünsche es Ihnen, weil ich zutiefst daran glaube, daß jede Krise – und dauerte sie auch noch so lange – eine Chance ist, endlich zu dem zu kommen, was wir uns ersehnt, vielleicht auch vorgenommen haben.

Ich glaube fest daran, daß jeder von uns einen Aus-weg hat, weil das Leben selbst, das große, weite, tiefe Leben uns umgibt und also mehr weiß von sich selbst, als wir es erahnen können.

Lassen Sie uns ab morgen konkret werden und fragen, wie Sie aus dieser Lage herauskommen könnten.

Endlich leben können

Ich lernte die 35jährige Ingrid zunächst über ihre Briefe kennen:

„Ich habe – vielleicht entgegen Ihrer Erwartung – keine großen Worte oder Phrasen anzubieten, wie etwa: ‚Ich halte das Leben nicht mehr aus‘ – oder: ‚Ich bin so wertlos‘ – oder: ‚Mich liebt ja keiner‘. Es gibt eigentlich gar nichts weiter zu sagen, als daß ich – hätte ich nur meine Wünsche zu berücksichtigen – stillschweigend verschwinden würde.

Das einzige, wonach ich ernsthaft suche, ist ein Weg, der meinen mir nahestehenden Mitmenschen meinen Wunsch nach Tod verständlich und tragbar macht. In diesem Punkt fühle ich mich total unverstanden und wünsche mir deshalb auch die Gemeinschaft Gleichgesinnter, die mir das Empfinden nehmen könnten, ich sei nicht normal."

Ingrid suchte eine Gruppe lebensmüder Menschen, die ihr dabei behilflich sein sollten, mit guten Gründen aus dem Leben gehen zu können. Da sie in einer Tageszeitung einen Artikel von mir über Selbsthilfegruppen gelesen hatte, wandte sie sich an mich. Eine solche Gruppe habe ich ihr nicht genannt. Ich bot ihr an, mit ihr zu arbeiten – trotz und auch wegen ihrer deutlichen Aussage, ihre Zukunft bestehe nur aus wenigen Wochen.

Kurz nach Beginn unserer Gespräche schrieb sie mir: „Vor ca. einer Stunde beendeten wir unsere heutige Sitzung – ich stehe noch ganz unter ihrem Eindruck – und schreibe deshalb spontan an Sie. Ich muß Sie vor mir warnen! Das ist keine launenhafte Äußerung, sondern eine sehr ernste (und für beide Teile wichtige) Aussage!! Bitte, lassen Sie sich von meiner erlernten ‚Fähigkeit', Dinge in Worte zu kleiden, nicht täuschen. Ich flehe Sie an, erkennen Sie gleich, daß dies doch nur eine Fassade ist, die allem Anschein nach mit erheblicher Wirkung meine Wertlosigkeit verdeckt und die Menschen täuscht. Ich muß Sie und mich vor einer großen Enttäuschung bewahren: Hier ist nichts, was man entdecken kann, hier liegt kein verborgener Schatz, den es nur auszugraben gilt – hier ist alles leer, flach, dumm!"

Anlaß zu Ingrids kurzem Brief war vermutlich mein Satz gewesen, sie *wirke* auf mich, entgegen ihrer eigenen Selbsteinschätzung – intelligent und lebensfähig.

Daß sie sich überhaupt auf unsere Gespräche einließ, zeigt, daß sie sich und ihre Beziehung zum Leben noch nicht ganz aufgegeben hatte. Deshalb erschien es mir wichtig, ihr so rasch wie möglich einen Zugang zu den Gedanken und Gefühlen finden zu helfen, die noch dem Leben zugewandt waren.

Bevor ich nun auf die Inhalte unserer Gespräche zu sprechen komme, soll Ingrids Vorgeschichte in aller Kürze dargestellt und so dem Leser Gelegenheit gegeben werden, jene Strukturen kennenzulernen, aus denen heraus sich in ihr das Gefühl verselbständigte, keinen Sinn mehr im Leben erkennen oder gar leben zu können. Denn wie sollte es uns möglich sein, das Geschick eines an sich selbst und am Leben verzweifelnden Menschen verstehen zu können, wenn wir nicht Einblick hätten in die Entwicklung seiner Persönlichkeit, das heißt in diesem Zusammenhang: *in* die Geschichte jener Sinnfindungsbarrieren, die ihm nicht nur die Suche, sondern auch die Realisierung erkannter Sinnmöglichkeiten zutiefst erschwerten?

Wann immer wir uns verlaufen haben – ob in der äußeren oder in der inneren Welt –, die Frage, wie der Weg weitergehen könne, wird in aller Regel eher dann zu beantworten sein, wenn wir fragen, woher wir kommen. Es geht nicht an, die Verwundungen, Verzweiflungen, Irrungen und Wirrungen eines vergangenen Lebens ungesagt, unbetrauert, sie zu

Stein oder Asche werden zu lassen. Was wir an Schwerem erlebt haben, will von uns heute überwunden und angenommen sein – vergessen können wir es nie. Wenn wir frei sein wollen für heute, und das heißt: *in* der Gegenwart Sinn zu suchen, wahrzunehmen und wahr zu machen, dann werden wir uns vorher verabschiedet haben müssen von dem, was unsere Seele beschwert und den Blick für die Sinngehalte der Gegenwart verstellt.

Nicht das ist die Frage: Ob unsere Therapie oder Beratung vergangenheits- oder gegenwartsorientiert zu sein habe. Sie darf und kann nicht systemorientiert, sie muß person- und problembezogen sein.

I. Zur Vorgeschichte

Ingrid wird als zweites von drei Kindern geboren. Mit dem jüngeren Bruder hat sie bis heute eine freundliche, nicht besonders intensive Beziehung. Intensiv dagegen war ihr Verhältnis zu ihrem älteren Bruder, der – trotz einer hervorragenden beruflichen Karriere – mit 25 Jahren sich das Leben nahm (Ingrid war zu jener Zeit 22 Jahre alt). Der Bruder wollte nicht mehr leben, weil er meinte, nichts Wesentliches mehr erwarten zu können. „Was soll's?" war seine ständige Redensart. Ingrid litt sehr unter seinem Freitod, und oft überkam sie der Gedanke, sich mit dem geliebten Bruder „solidarisieren" zu müssen.

Der Vater war ein mürrischer Mann, er starb vor zehn Jahren. Er hatte sehr darunter gelitten, daß er – wie Ingrid auch – nicht hatte studieren können. Streng, oft auch hart, nicht selten sogar brutal, war er mit den Kindern umgegangen.

Die Mutter schien nicht fähig gewesen zu sein, die Kinder zu schützen. Wer war sie? Ingrid hat Mühe, sie zu beschreiben. Kennzeichnend aber erscheint ihr Mutters Ichbezogenheit und Unklarheit in Wesen und Ausdruck.

Geliebt gefühlt hat sie sich von beiden Elternteilen nicht,

und ihre Bemühungen um Zuwendung gingen oft ins Leere. Ihre Träume von ihren Eltern sind erschütternd.

Mit sechzehn unternimmt sie ihren ersten Selbstmordversuch. Warum? Sie wollte ihre Not den Eltern zeigen, „so richtig umbringen“ wollte sie sich nicht. Dennoch: Der Tod war nicht fern. Bei der Begrüßung nach dem Krankenhausaufenthalt schlägt der Vater ihr ins Gesicht.

Mit 20 Jahren heiratet sie; „nett“ ist ihr Mann, doch sehr wesensverschieden von ihr. Sie nennt sich einen „Leistungstyp“, ihn dagegen „eher phlegmatisch“. Aber: Er hat ihre langjährige Leidensgeschichte mit viel Geduld und nicht ohne Liebe mitgetragen. Ihre Ehe ist „nicht schlecht“, doch Ingrid, die Mühe hat mit Durchschnittlichem, leidet daran, daß „das große Verstehen“ mit ihm nicht möglich sei. Kinder konnte sie nicht bekommen; sie litt darunter; ein Adoptivkind hat sie jedoch mit diesem Geschick ausgesöhnt.

Mit 32 Jahren folgt der zweite Selbstmordversuch, ein ernstgemeinter. Sechs Monate bleibt sie in der Nervenklinik. Sie scheint lebenszugewandter zu werden, die Suizidgefahr ist jedoch nicht überwunden. Bis zu ihrem dritten Versuch vergehen keine zwei Jahre. Sie wird nach drei Wochen aus dem Krankenhaus entlassen. Einige Monate später beginnen unsere Gespräche.

II. Die Probleme

Warum wollte Ingrid nicht mehr leben?

1. Sie konnte nicht verwinden, daß ihre Eltern kein für sie spürbares Interesse gezeigt hatten. Sie fühlte sich deshalb vom Leben ungewollt.
2. Weil sie sich vom Leben ungewollt fühlte, konnte sie in nur ungenügendem Maße sich selbst akzeptieren.
3. Weil sie sich selbst kaum akzeptieren konnte, entwickelte sie nur wenig Phantasie für die Wahrnehmung ihrer eigenen Möglichkeiten und Fähigkeiten.

4. Die daraus resultierende Unsicherheit führte zu nicht geringen Störungen in ihren sozialen Beziehungen. Diese wiederum verstärkten ihren Eindruck, „nichts“ in der Gemeinschaft zu gelten.
5. Ihr Streben nach Geltung durch Leistung verminderte ihre mögliche Freude an sachlicher Arbeit, gleichzeitig aber machte sie die Erfahrung, daß Leistung zwar unter Umständen zur Anerkennung beruflicher und anderer Fähigkeiten, nicht aber zur Akzeptanz der ganzen Persönlichkeit führt.
6. All diese Schwierigkeiten führten dazu, daß Ingrid, logotherapeutisch formuliert, sich in nur unzureichender Weise selbst transzendierte, das heißt: in überwertiger Weise um ihr eigenes unglückliches Ich kreiste und so die in den wechselnden Situationen ihres Lebens sich anbietenden Sinnmöglichkeiten kaum in den Blick bekam.
7. Schließlich wurde ihre Neigung zum Selbstmord auch dadurch verstärkt, daß der geliebte, erfolgreiche Bruder sich das Leben genommen hatte und ihr auf diese Weise zusätzlich ihre Bemühungen um ein sinnvolles Leben fraglich erschienen. Darüber hinaus blieb der nach seinem Tod entstandene Gedanke der „Solidarisierung“ mit dem Bruder und dessen Entschluß lange Zeit für sie beunruhigend.
8. Ingesamt läßt sich sagen, daß Ingrid an sich und ihrer Fähigkeit zu leben so tief zweifelte, daß sie nichts so sehr fürchtete, nicht einmal das Sterben und den Tod, als so weiterleben zu müssen wie bisher.

III. Die Lebens-Beratung

1. Ingrid hatte in Kindheit, Jugend und späteren Jahren viel, auch ohne ihr Zutun, gelitten. Sie hatte, wie zwar viele andere Menschen auch, Eltern gehabt, die ihr nicht das gegeben hatten, wonach sie sich gesehnt hatte. Da uns aber

selten der Verweis auf das Schicksal anderer tröstet, galt es, zunächst einmal die zu Schwermut verdichtete Trauer ihr verfügbar werden zu lassen. Sie lernte, das aus-zusprechen, was einmal anderen und wohl auch sich selbst einzugestehen sie sich nie getraut hatte. Und die Tränen über ihr zu schweres Leben erleichterten die Kammern ihrer Seele um ihre hart gewordenen Erinnerungen.

2. Wir sprachen darüber, daß unsere Vergangenheit uns zwar prägt, uns jedoch nicht bis zum Tode bestimmen muß; daß unsere Eltern wohl maßgeblich an unserer Entwicklung beteiligt, nicht aber letztlich für unser Schicksal verantwortlich sind. Eltern sind *Ursache,* nicht Grund unserer Existenz, und darum haben wir die *Gründe zum Leben* auch nicht bei den Eltern, sondern in uns selbst und im Leben, das heißt: in den ständig wechselnden Situationen unseres Lebens zu suchen. Die ihr allmählich verstehbar und fühlbar werdende Einsicht in die Notwendigkeit und Möglichkeit, selbst ihr Leben in die Hand nehmen zu müssen und zu können, wurde für Ingrid zur zentralen Lebens-Hilfe. Ihre Entdeckung der Kraft von Selbstverantwortung ließ sie Mut gewinnen zur Revision ihres ganzen Lebens.

3. Ingrid begann zu akzeptieren, daß wir nicht „alles", was uns an Schwerem widerfährt, als sinn-voll begreifen müssen. Das Leben ist zu groß, als daß wir es immer verstehen, geschweige denn bestehen könnten. Wichtig im Zusammenhang dieser Gedanken wurde für sie ein Text des alten C. G. Jung:

„Ich bin zufrieden, daß mein Leben so gegangen ist. Es war reich und hat mir viel gebracht. Wie hätte ich so viel erwarten können? Es waren lauter nicht zu erwartende Dinge, die sich ereigneten. Manches hätte vielleicht anders sein können, wenn ich selber anders gewesen wäre. So war es aber, wie es sein mußte; denn es ist geworden dadurch, daß ich so bin, wie ich bin. Vieles ist durch Absicht entstanden, geriet mir aber nicht immer zum Vorteil. Das meiste aber hat sich natürlich und aus Schicksal entwickelt. Ich bereue viele Dummheiten, die aus meinem Eigensinn entstanden sind, aber wenn ich ihn nicht gehabt hätte,wäre ich nicht zu meinem Ziel gekommen. So bin ich enttäuscht und bin nicht enttäuscht. Ich bin enttäuscht über die Menschen und bin enttäuscht über mich selber. Ich habe Wunderbares von Menschen erfahren und habe selber mehr geleistet, als ich von mir erwartete. Ich kann mir kein endgültiges Urteil bilden, weil das Phänomen Leben und das Phänomen Mensch zu groß sind. Je älter ich wurde, desto weniger verstand oder erkannte oder wußte ich mich.

Ich bin über mich erstaunt, enttäuscht, erfreut. Ich bin betrübt, niedergeschlagen, enthusiastisch. Ich bin das alles auch und kann die Summe nicht ziehen. Ich bin außerstande, einen definitiven Wert oder Unwert festzustellen, ich habe kein Urteil über mich und mein Leben. In nichts bin ich ganz sicher. Ich habe keine definitive Überzeugung – eigentlich von nichts. Ich weiß nur, daß ich geboren wurde und existiere, und es ist mir, als ob ich getragen würde. Ich existiere auf der Grundlage von etwas, das ich nicht kenne. Trotz all der Unsicherheit fühle ich eine Solidität des Bestehenden und eine Kontinuität meines Soseins.

Die Welt, in die wir hineingeboren werden, ist roh und grausam und zugleich von göttlicher Schönheit. Es ist Temperamentssache zu glauben, was überwiegt: die Sinnlosigkeit oder der Sinn. Wenn die Sinnlosigkeit absolut überwöge, würde mit höherer Entwicklung die Sinnerfülltheit des Lebens in zunehmendem Maße verschwinden. Aber das ist es nicht – oder scheint mir – nicht der Fall. Wahrscheinlich ist, wie bei allen metaphysischen Fragen, beides wahr: das Leben ist Sinn und Unsinn, oder es hat Sinn und Unsinn. Ich habe die ängstliche Hoffnung, der Sinn werde überwiegen und die Schlacht gewinnen“ (Erinnerungen, Träume, Gedanken, Olten 1971).

4. Sie begann zunehmend zu begreifen, daß Leben ambivalent ist, also negative und – positive Gehalte in sich birgt. Indem sie sich von diesem Gedanken leiten ließ, gab ihre Seele manche verschüttete Erinnerung an gute vergangene Tage, auch im Blick auf ihre Eltern, wieder frei, vor allem

aber suchte sie bewußt in der Gegenwart danach, was sie an Wertvollem für sich entdecken konnte.

5. Daß Sinn *im Leben* zu finden ist – dieser Gedanke befreite sie dazu, nicht mehr nur um das eigene Unvermögen zu kreisen und auch nicht nur nach den eigenen Wünschen zu fragen. So veränderte sich im Laufe der Zeit ihre Blickrichtung: Sie lernte, mehr als bisher über sich selbst hinaus auf die Gegeben- und Aufgegebenheiten des Lebens zu sehen. Ingrid knüpfte neue Beziehungen zu Menschen, nahm erfolgreich an Fort- und Weiterbildungsseminaren teil und verbesserte auf diese Weise auch ihren sozialen Status, an dem ihr nicht wenig gelegen war.

6. Aufgrund der Erhellung ihrer Familiengeschichte ging ihr auf, daß eine gewisse Neigung zur Selbsttötung offenbar auf der Familie lastet. Diese Neigung, die auch sie bislang besonders stark bestimmt hatte, begann sie als eine Herausforderung an sich, als eine jener Aufgegebenheiten des Lebens zu akzeptieren. Denn auch eine solche Aufgabe kann einen Menschen bereichern, weil er – mehr als andere – dazu veranlaßt wird, tiefer als jene danach zu fragen, welche Gründe zum Leben es für ihn gibt.

7. Erst nachdem wir miteinander längere Zeit gearbeitet hatten, erschloß sich Ingrid der Gedanke, daß sie auch im Blick auf ihren Mann und ihre Kinder wichtig sei und sie im Falle eines Selbstmordes eine nicht schließbare Lücke hinterlassen hätte. Ihre Neuorientierung führte schließlich auch zu einem bewußteren Umgang mit ihrem Ehemann, zunächst nicht ohne Schmerzen für beide.

Nein –, Ingrid ist nicht frei von Gedanken daran, sich das Leben zu nehmen, aber die Gedanken haben keine Kraft mehr über sie. Sie ist auch kein glücklicher Mensch geworden, aber sie hat inzwischen viele glückliche Stunden erlebt. Sie will leben, und sie lebt inzwischen so, daß nicht wenige Menschen durch die Begegnung mit ihr in vertiefter Weise leben. Ingrid zu beraten war schwer. Die skizzierten Punkte spiegeln in keiner Weise die Schwierigkeiten wider, die ich in unserer gemeinsamen Zeit hatte. Immer wieder zog sie sich auf das „Bekenntnis“ ihres Unvermögens und ihrer „Selbstdarstellungsunfähigkeit“ zurück. Was mir letztlich half, das Ringen um Ingrid nicht aufzugeben, war jener Gedanke, der auch für sie lebenswichtig wurde: *daß* Leben „Aufgabencharakter“ hat.

Um einen kleinen Einblick in unsere Arbeit zu geben, möchte ich ein nachempfundenes Gesprächsprotokoll einer Sitzung vorstellen, in der es darum ging, ihr im logotherapeutischen Sinne Leitlinien zu vermitteln, die ihr die Möglichkeit einer veränderten Lebens-Einstellung anboten:

Th.: Sie galten also in Ihrer Familie als Versager.

Kl.: Ja. Als ich, nur um ein Beispiel zu nennen, nach meinem ersten Selbstmordversuch aus dem Krankenhaus nach Hause kam, schlug mir mein Vater rechts und links ins Gesicht und sagte: „Du kannst ja noch nicht einmal sterben.“ –

Th.: Und gegen diesen Satz haben Sie sich nicht empört?

Kl.: Nein. Ich wußte auch nicht, was ich ihm darauf hätte antworten sollen. Irgendwie stimmte es ja, daß ich weder leben noch sterben konnte.

Th.: Und heute– fühlen Sie sich auch heute noch als Versager? – Ich sehe Sie offenbar anders, als Sie sich selber sehen: Ich halte Sie für intelligent. Ich sehe, daß Sie viel Gemüt haben. Ich glaube, daß Sie ein sehr lebendiger Mensch sind.

Kl.: Ich hör’ das wohl, aber glauben kann ich’s nicht.

Th.: Was glauben Sie denn von sich?

Kl.: Daß ich nicht lebensfähig bin, daß ich keinen Grund unter den Füßen hab’.

Th.: Wann, denken Sie, hätten Sie denn Grund unter den Füßen?

Kl.: Wenn ich wüßte, so richtig wüßte, daß da ein Mensch wäre, dem ich viel bedeutete. Wenn ich wüßte, daß da Menschen wären, die mit mir zusammensein wollten.

Th.: Da sind keine Menschen …?

Kl.: Doch! Mein Mann, meine Tochter ... Aber das ist es ja gerade – ich kann eben nicht glauben, daß ich für sie wichtig bin.

Th.: Was können Sie denn glauben, wenn Sie an die beiden denken?

Kl.: Nichts, absolut nichts. Was ich glaube, ist, daß, wenn ich nicht mehr da wäre, mein Mann und meine Tochter zunächst einmal trauern würden –, später aber heilfroh wären, daß ich sie nicht mehr belaste.

Th.: Sie können nicht glauben, daß Sie jemand sind, der wertvoll ist und als Mensch gebraucht wird, auf den andere nicht verzichten möchten. – Das tut mir schon ein bißchen weh –, vielleicht deshalb, weil auch ich einmal längere Zeit so gefühlt habe wie Sie –, vielleicht aber auch, weil ich so deutlich spüre, daß Sie sich selbst zur Last geworden sind.

Kl.: Ja, sicher – aber ich kann's nicht ändern.

Th.: *Wollen* Sie's ändern? *Wollen* Sie sich nicht mehr als Versager fühlen? *Wollen* Sie Grund unter die Füße bekommen? *Wollen* Sie leben, wirklich leben? – Bitte antworten Sie nicht gleich ...

Längere Pause

Kl.: Da ist ein Teil in mir, der vielleicht doch noch leben will, und da ist ein Teil, der nicht oder nicht mehr leben will.

Th.: Der Teil, der nicht mehr leben will – was sagt der Ihnen?

Pause

Kl.: Ich schaffe es doch nie, daß ich mich fühle wie andere, daß ich mich nicht mehr um mich selbst drehe und einfach da bin, gerne da bin. Verstehen Sie, ich habe nur noch wenig Hoffnung, ich könnte einmal das Leben richtig gut finden.

Th.: Können Sie *das Leben* nicht gut finden – oder können *Sie* das Leben nicht gut finden?

Kl.: Ich glaube, *ich* kann das Leben nicht gut finden.

Th.: Das Leben *selbst* also wäre lebens-wert?

Kl.: Ja, wenn ich zu ihm eine Einstellung finden könnte, wie andere sie haben …

Th.: Es liegt also an Ihnen, nicht mehr im Leben sein zu wollen?

Kl.: Ja, an wem sonst?

Th.: Wirklich an Ihnen?

Kl.: Was meinen Sie mit dieser Frage?

Th.: Sie haben mir doch berichtet, daß Ihre Familie, vor allem Vater und Mutter, Ihnen das Gefühl gegeben haben, ein Versager zu sein …, nichts wert zu sein …

Kl.: Worauf wollen Sie hinaus?

Th.: Ich glaube schon, daß Sie es sehr schwer hatten, das Leben gutfinden zu können.

Kl.: Aber andere hatten es doch auch schwer und haben trotzdem ihren Weg gemacht …

Th.: Die sind eben *ihren* Weg gegangen …

Kl.: Das verstehe ich nicht.

Th.: Die haben irgendwann begonnen, nach ihrem Weg zu fragen.

Kl.: Das ist mir zu abstrakt.

Th.: Die haben irgendwann begriffen, daß sie vor der Alternative standen: Entweder verbringe ich mein ganzes Leben damit, mich darüber zu beklagen, daß ich viel schlechtere Lebensbedingungen als andere hatte, und dann ist mein ganzes Leben gelaufen – oder: Ich begreife: Ab jetzt ergreife ich die Möglichkeit, mein Leben in die *eigene* Hand zu nehmen, und dann kann es gut werden.

Kl.: Die haben es eben geschafft …

Th.: *Wollen* Sie es schaffen?

Kl.: Natürlich möchte ich es schaffen, aber – das Gefühl, ein Versager zu sein, steckt einfach zu tief in mir.

Th.: Zu tief – daß heißt: dieses Gefühl nie mehr loswerden zu können?

Kl.: Ich kann's mir jedenfalls im Augenblick nicht anders vorstellen.

Th.: Und *deshalb* wollen Sie nicht mehr leben …

Längere Pause

Kl.: Ich möchte im Grunde schon – deswegen bin ich ja hier. Nur – ich sage mir: Wenn ich es in 35 Jahren nicht geschafft habe, meinem Leben einen Sinn zu geben, wie soll ich dann noch darauf hoffen, ihn jemals zu finden?

Th.: Weil Sie sich als Versager fühlen, meinen Sie, könnten Sie Ihrem Leben keinen Sinn geben?

Kl.: Ja, genau

Th.: Und wenn Sie Ihrem Leben gar nicht Sinn zu geben bräuchten?

Kl.: Wie das?

Th.: Wenn es gar nicht so wäre, daß Sie oder ich unserem Leben Sinn geben könnten, sondern daß wir Sinn zu *suchen* hätten – im *Leben* zu suchen hätten? Was, wenn es unsere Aufgabe wäre, ins Leben hineinzusehen und Möglichkeiten für uns zu erfragen – statt mit uns allein zu bleiben und lediglich nach unseren Wünschen und Fähigkeiten zu fragen? Wenn es also nicht nur auf uns und unsere Beschaffenheit ankäme, sondern auch und nicht weniger auf das Leben *selbst* und unsere Beziehung zu ihm?

Längere Pause

Kl.: Das wäre tatsächlich etwas sehr Befreiendes – das spüre ich ganz deutlich. Aber ist das nicht bloße Philosophie? –

Th.: Wann waren Sie das letzte Mal halbwegs zufrieden, vielleicht nur für kurze Zeit?

Kl.: Das liegt noch gar nicht so lange zurück. Das war in der letzten Woche. Ich war von einer Freundin eingeladen worden. Zunächst wollte ich gar nicht hingehen. Aber sie hat nicht lockergelassen. Ich kam sehr niedergeschlagen bei ihr an, und sie hat sich nicht von meiner schlechten Stimmung anstecken lassen. Sie hatte den Tisch schön gedeckt, hatte Kerzen angezündet. Sie ließ mich erzählen. Und dann hatte ich irgendwann das Gefühl, es wäre unanständig von mir, diesen

Abend nicht gut zu finden und mich nicht auf ihre Freundlichkeit einzulassen.

Th.: Noch eine andere Begebenheit?

Pause

Kl.: Gestern habe ich den ganzen Tag geheult. Leider konnte ich's vor meiner Tochter nicht ganz verbergen. Gegen Abend kam sie dann zu mir und zeigte mir ihre Arbeitsmappe für Geschichte. Die hatte sie sehr sauber angefertigt. Da hatte ich wieder das Gefühl, ich hatte – wenigstens jetzt – keinen Grund zum Heulen.

Th.: Noch eine Begebenheit?

Kl.: Ja, das hängt mit Ihnen zusammen. Sie geben sich viel Mühe. Bislang haben Sie die Geduld auch nicht verloren. Sie geben mir merkwürdigerweise nie das Gefühl, Ihnen lästig zu sein. Darüber habe ich schon oft nachgedacht.

Th.: Sind diese Erlebnisse nicht Gründe zum Leben, Gründe, die das *Leben* Ihnen gezeigt hat und vor denen Sie sich nicht verschlossen haben?

Kl.: Wenn das so ginge ...

Th.: Wenn was „so ginge"?

Kl.: Wenn Leben, mein Leben so ginge ... Und was soll ich jetzt – bitte schön! – tun?

Th.: Noch einmal zu begreifen versuchen, was *Sie* bislang versäumt haben.

Pause

Kl.: Ich hab' immer nur auf das gesehen, was ich nicht hatte und was ich nicht konnte.

Th.: Und auf Ihre schwierige Kindheit ... und darauf, was alles Sie von Vater und Mutter nicht bekommen haben.

Kl.: Ich bin bis heute nur ein trotziges Kind gewesen. Stimmt's?

Th.: Nein – nicht nur, aber auch. Und deshalb haben Sie viel zu sehr auf sich selbst gesehen, sind Sie viel zu sehr um Ihre eigene Person gekreist und haben viel zu wenig vom Leben ent-deckt ...

Kl.: Und mich immer tiefer in mich selbst verstrickt. Ja, das ist es … Und nun?

Th.: Wird es nicht gleich einen rasanten Aufschwung geben –, schon deshalb nicht, weil's nicht leicht ist, tief gewachsenen Trotz loszulassen. –

Ich möchte Ihnen für die nächsten vier Wochen eine „Hausaufgabe" geben, die Sie jetzt vielleicht banal finden werden. Schreiben Sie ab heute jeden Abend fünf Dinge auf – es dürfen auch drei oder sieben sein –, die Sie am Tage gutgefunden haben; die negativen brauchen Sie nicht zu notieren –, die drängen sich von selber auf. Notieren Sie z.B. einen liebevollen Händedruck, eine Arbeitsstunde, in der Sie konzentriert waren, einen freundlichen Behördenbrief u.ä. – Wozu das gut sein soll? Um sehen zu lernen …

Existenzanalytische Aspekte der Arbeit mit Trauernden

Im folgenden werde ich nicht über alle notwendigen und also bedenkenswerten Hilfen zur Trauerarbeit referieren. Ich möchte vielmehr zehn existenzanalytische Aspekte der Arbeit mit trauernden Menschen andeuten. Ich habe die Hoffnung, daß Sie die Andeutungen aufnehmen und selber weiterbedenken. Ich habe darüber hinaus die Hoffnung, daß die existenzanalytischen Aspekte Ihnen ein wenig Einblick in die praktische Ausgestaltung jenes Menschenbildes geben, das uns offenbar miteinander verbindet.

Kommen Sie jetzt mit mir in jenen Lebenskreis, der vom Schatten des Todes überdunkelt ist, in dem sich zurechtzufinden so schwer fällt und aus dem es keinen Aus-weg zu geben scheint. Leben weiterleben – wie kann das gelingen? *Kann* es gelingen? Damit es gelingt, braucht jener homo patiens, der Trauernde, neue Gedanken, neue Gründe zum Leben. Gibt es sie?

Während ich diese Sätze niederschreibe, denke ich an einen 70jährigen Mann, der seine Frau durch einen Verkehrsunfall verloren hatte. Schon zwanzig Minuten vor Beginn unseres Gesprächs saß er im Wartezimmer – und es dauerte oft lange, ehe er – wir hatten das Gespräch längst beendet – unser Haus verließ. Warum kam er? Weil er meinte, nicht mehr leben, nicht mehr weiter-leben zu können, – weil er meinte, selbst bereits dem Tode verfallen zu sein.

Noch ein Letztes, bevor ich Ihnen die zehn Punkte nenne. Vielleicht werden Sie entdecken, daß manches von dem, was ich Ihnen sagen werde, nicht nur Geltung haben könnte für Menschen, die durch physischen Tod einen anderen verloren haben.

„Partir - c'est toujours un peu mourir" - Abschiednehmen, das ist immer ein wenig Sterben. Vielleicht kann der eine oder andere Aspekt eine Hilfe sein auch für jene, die auf andere Weise einen Menschen verloren haben.

I.

Schweigen; da-sein; zu-hören; ihn weinen lassen; die Augen des anderen suchen; über die Augen eine Brücke zu bauen versuchen zwischen ihm und mir. - Mich anrühren lassen von seinem Schmerz; ihn zu sehen versuchen in *seiner* Welt, die so ganz anders ist als meine Welt. - Er ist bei mir, weil er so wenig bei sich ist. - Spüre ich, wie fremd er sich jetzt in seinem *eigenen* Leben fühlt? - Bin ich so bei ihm, daß er jetzt - wenn auch nur ein wenig - wieder zu sich selbst kommen kann?

II.

Magst du erzählen, was du verloren hast? Magst du sprechen über das, was dich selbst so fremd macht dir selbst und dem Leben gegenüber? -

Sprache ist Freiheit des Geistes gegenüber der Situation, in der wir uns vorfinden. Sprache schafft Beziehung zu Glück und Unglück, verhindert, daß Gedanken und Gefühle sich verselbständigen. Sprache schafft Gedanken und Gefühlen Ordnung, Klärung, schafft Distanz zu sich selbst.

Sich aus-sprechen ist notwendig in der Zeit des Trauerns - und vor allem in der ersten Zeit -, wenn der Trauernde sich nicht mehr versteht, weil die Gefühle chaotisch sind:

Gefühle von Schmerz, Verzweiflung, Schuld, Angst, Wut, Scham, - Gefühle, die zu Anklagen und Selbstanklagen führen, Gefühle der Ausweglosigkeit. Da kommen die Wenn- und Abersätze - sie müssen ausgesprochen werden. Zu-hören, Verstehensfragen stellen; behilflich sein, das schwer Sagbare sagen zu können. Verstehe ich, was das schwer Sagbare ist? Sprache befreit, weil das Sich-Stellen der Wahrheit befreit. Und dazu gehört auch das Aussprechen des schwer Sagbaren, daß der andere tot ist, wirklich tot ist.

III.

Drei Fragen können weiterhelfen:

1. Was ist das *Schwerste?*
   Die Frage nach dem Schwersten ist zugleich die Frage nach dem Leichteren. Und da, wo Leichteres ist, kann Leben vielleicht schon wieder – ein wenig mehr – ertragen werden.
2. Ist da auch *Überraschendes?*
   Die Frage nach dem Überraschenden kann den Trauernden darauf aufmerksam machen, daß die Erfahrung der Ambivalenz von Leben auch noch in den leidvollsten Situationen Geltung haben, d.h., daß Leben selbst dann noch hervor-brechen kann, wenn wir es am wenigsten erwarten.
3. Was ist jetzt dein *Grundgefühl?*
   Die Frage danach ist keine Anleitung zur Selbstbeobachtung, sondern der Versuch, eine personale, also geistige Beziehung zu jenem Gefühl einzuleiten, das das Denken und Handeln des Trauernden bestimmt. Diese Frage könnte unter Umständen einen ersten, wenn auch noch so schmalen Stollen zum verschütteten Willen zum Leben, zum sinnvollen Leben hin graben.

IV.

Was hat der Tote mir gegeben, was habe ich ihm gegeben? Wie bin ich durch ihn geworden, wie ist er durch mich geworden? Worin hat er mich verletzt, worin habe ich ihn verletzt?

Was war er für mich,
Was war ich für ihn?

Du solltest dir beides noch einmal genau anschauen – das Schwierige und das Gute.

Das Schwierige anschauen – das tut weh. Da läßt sich ja nichts mehr ändern. Aber – trauern kannst du darüber, dich aus-trauern. Und: diese Dinge bereuen. Reue über nicht gelungenes Verhalten und Sein kann jene unguten Stellen in dir aus-schälen, kann dich befreien von jenen Wucherungen der Seele, mit denen du deinem Toten wehgetan hast. Andere, die heute mit dir leben, könnten davon Gewinn haben – und: auch du selbst.

Und das andere: Wieviel Gutes aus eurer Zeit hast du wohl verinnerlicht – an Blick und Gebärde, an Denken und Fühlen? Was hast du in dir von ihm, was dir nicht verlorengeht? Was bleibt von ihm in dir? Weißt du es? Erzähl' mir auch davon!

Mit wie vielen Pfunden deiner Liebe ist er in den Tod gegangen! Ja – es hat mit dir zu tun, daß er das Beste vom Leben, die Liebe, kennengelernt hat.

Du sagst, im nachhinein sei dir klar geworden, deine Liebe sei zu gering gewesen. Wer will das ermessen? War es nicht die Liebe, die *du* geben konntest? Und wenn sie zu gering war – warst *du* es nicht, der ihn dazu herausgefordert hat, sein Bestes zu geben?

Da bleibt – auch später noch – vieles ungeklärt, ungeregelt, unabgeschlossen. Nicht nur bei dir ist das so.

Versuch', diese Dinge beim Namen zu nennen, so gut es geht. Vielleicht wird dadurch dein Blick noch ein wenig freier für das Gelungene und Sinnvolle, das auch war.

V.

Nun ist er tot, und du mußt ohne ihn weiterleben? Willst du das? Da ist jetzt – vielleicht – ein Nein in dir – und – vielleicht – ein Ja in dir.

Das ist so in dieser Zeit.

Ich sehe jedoch etwas, was du gegenwärtig wohl nicht sehen kannst. Was das ist? Ich denke, Leben ist mehr als Partnerschaft; Leben ist überhaupt mehr als das, was wir lieben. Es geht nicht, daß wir unser Leben auf nur *eine* Sinnsäule setzen.

VI.

Was du denn tun sollst?

Mir kommt ein Bild:

Ich denke an einen Strom. Mit jeder Biegung des Stromes kann sich die Landschaft verändern, können neue Türme, Burgen, Städte, Berge auftauchen. Da warten, wenn wir auf dem Strom fahren, immer neue Überraschungen auf uns.

Überraschungen im Leben auch für dich?

Ja – neue Sinn-Angebote, neue Möglichkeiten zum Leben und auch zum Lieben.

Leben heißt einmal, daß sich das Leben um uns herum ständig verändert und ständig neue Sinnmöglichkeiten gebiert. Leben heißt zum anderen, daß der Mensch selbst sich ständig verändert, sich verändern kann, eben weil jeweils neue Sinnmöglichkeiten für ihn da sind.

Dieses Leben, das dir immer neue Sinnangebote macht, kannst du bejahen, du kannst es auch verneinen. Ja – die Freiheit dazu hast du, die Entscheidung darüber liegt in der Tat bei dir. Ahnst du das?

Nur *du* kannst entscheiden, *ob* du weiterleben willst – und *wie* du weiterleben willst – nur du.

Sagst du ja, wirst du die Erfahrung machen, daß, wer Gründe für's Leben sucht, sie auch finden wird – und, wer nein zum Leben sagt, auch Gründe für die Unmöglichkeit zum Weiterleben finden wird.

VII.

Möchtest du etwas in seinem Sinne weiterführen, weil es ihm und dir in eurem gemeinsamen Leben so wichtig war? Gibt es etwas, was du jetzt tun möchtest, weil du es bisher nicht tun konntest?

Du weißt jetzt noch keine Antworten auf diese Fragen? Das muß auch nicht sein. Aber die Antworten kannst du finden, und du wirst sie finden, wenn du dich offenhältst für die neuen Fragen, die dir das Leben stellt. Es könnte aber auch sein, daß du schon heute, jetzt, hier, in unserem Gespräch eine neue Frage hörst. Du allein wirst es wissen.

VIII.

Du sagst, deine Liebe sei von dir gegangen. Heißt das, daß du keine Liebe mehr hast?

Ich frage dich: Was ist schwerer – nicht mehr geliebt zu werden – oder selbst nicht mehr lieben zu können?

Darüber sollten wir lange reden.

IX.

Bei jedem Trauern kommt einmal die Zeit, in der wir auch den Schmerz los-lassen müssen. Ist es nicht so, daß bei nicht wenigen Trauernden der Schmerz an die Stelle des verlorenen Menschen tritt?

Du fragst dich: Darf ich überhaupt den Schmerz los-lassen? Verrate ich nicht den anderen, wenn ich dieses Gefühl loslasse? Verliere ich nicht den anderen endgültig, wenn ich aufhöre, um ihn zu trauern? Wir *müssen* den Schmerz loslassen, weil wir sonst nicht mehr offen genug für neue Sinnmöglichkeiten sind. Und wir *können* ihn loslassen, wenn wir uns für die neuen Fragen, die uns das Leben stellt, öffnen. Ob du das willst?

X.

Das Trauern durch-zustehen – gehört auch zur Liebe. Was wäre das für eine Liebe, frage ich dich, die dich nicht reifer, weiter, lebensfähiger gemacht hätte? Und – was wäre das für ein Trauern, aus dem heraus sich nicht irgendwann ein

Lächeln löste in Gedanken an den, den du zutiefst verinnerlicht hast und der dir zum Geschenk wurde – zum Geschenk für dich – solange er lebte.

Auch darüber sollten wir lange reden.

Das hab' ich doch gehabt

Ein Brief an einen Mann, der seine Frau verlor

Ein Mann, etwa 40 Jahre alt, verlor seine um wenige Jahre jüngere Frau an einen Mann, mit dem beide geschäftlich zu tun hatten. Kurz nach Beginn der geschäftlichen Verbindung hatte Herr D. bemerkt, daß seine Frau sich in für ihn schmerzhafter Weise von dem anderen beeindrucken ließ. Was immer der andere tat –, sie fand es großartig und teilte ihre Bewunderung ihrem Mann mit. „Er" war über Monate hin das Thema der Familie. In dem Maße jedoch, in dem die Frau „ihn" bewunderte, kritisierte sie ihren Ehemann. Sie nannte ihn z.B. den „unpraktischsten Menschen der Welt" – und überhaupt schien sie nur noch wenig von ihm zu halten. So wurde er zunehmend eifersüchtig, deprimiert und unattraktiv für sie. Sie verweigerte sich ihm körperlich – eine Woche, mehrere Wochen – endgültig; begreifen konnte er's nicht, hatten sie sich doch wunderschön geliebt. Er unternahm jede Anstrengung, seine Eifersucht als Sucht und also als einseitiges und verzerrtes Sehen und Verhalten zu betrachten, nicht immer erfolglos. Diese Anstrengungen hatte er nicht zuletzt deshalb unternommen, weil ihm seine Frau, wenn auch sehr aggressiv, häufig gesagt hatte, seine Eifersucht sei völlig unbegründet, er sei das Opfer seiner krankhaften Phantasien. Dann jedoch erlebte er Situationen, die ihn geradezu zwangen, mißtrauisch ihr gegenüber zu werden. Schließlich kam der Tag, an dem er erkannte, daß er sie verloren hatte.

Herr D . kam wenige Tage nach dem Auszug seiner Frau zu mir. Es war der Tag, an dem seine Frau – das wußte er – mit ihrem Liebhaber ihr erstes gemeinsames Wochenende in einer naheliegenden Kleinstadt verbrachte, in der sie beide sehr glücklich gewesen waren. Er hatte sich ausgemalt, in welcher Weise sie ihm begegnen, ihn lieben würde, und vermutete, daß vieles von dem, was sie ihm schenkte, der Art glich, in der sie ihm damals ihre Liebe geschenkt hatte. Und sie hatte ihm ihre Liebe geschenkt! „Du bist meine große Liebe!“ – er hörte den Klang dieses Satzes noch immer.

Warum nur hatte er ihre Liebe verlieren können? Ja, es stimmte, was sie ihm nicht selten gesagt hatte – er nehme sie oft nicht wahr, er kreise zu sehr um sich selbst, konzentriere sich im wesentlichen auf die Arbeit und zu wenig auf sie und die Kinder. Er hatte in den Zeiten, in denen der „fremde Mann“ sich ihr genähert hatte und sie sich ihm, sein bisheriges Verhalten zutiefst bedauert und es zu ändern versucht. Teilweise war's ihm gelungen, in weiten Bereichen nicht. Immer tiefer hatte sich die Angst seiner bemächtigt, so daß er in allem, was er dachte, empfand und tat, sich verkrampfte. Unter keinen Umständen hatte er sie verlieren wollen! Weil er sein ganzes Leben auf diese eine Sinnsäule, auf das Leben mit seiner Frau, gesetzt hatte, geriet er in Verzweiflung. Weil er sah, daß er aufgrund der wachsenden Verliebtheit seiner Frau in den anderen Mann seine in ihm endlich erwachten Möglichkeiten, sie zu sehen und zu lieben, nicht aus-leben konnte, haderte er – mit sich, mit ihr, mit dem Leben. Nun war sie nicht mehr da.

Wir sprachen lange miteinander. Das Gespräch bewegte mich tief, weil mir aufging, daß dieser Mann seine Frau wirklich liebte und jetzt erkennen mußte, daß es Einsichten gibt, die Lebensgeschicke nicht mehr verändern können –, daß es ein „zu spät“ gibt. Ich schrieb ihm, nachdem er mich verlassen hatte, den folgenden Brief, der ihm, wie er mir später sagte, in den folgenden Zeiten eine nicht geringe Hilfe war:

Lieber Herr D.,

Sie haben sich eben verabschiedet, und ich bemerke, daß ich mich noch nicht von Ihnen verabschieden kann. Das, was Sie mir erzählten und worüber wir sprachen, hat mich tief berührt. Als Sie gingen, war mir so, als hätte ich das, was mir in den Sinn kam, Ihnen nicht klar genug zum Ausdruck gebracht. Deshalb sitze ich nun hier am Schreibtisch und möchte, wenn es geht, mit den folgenden Zeilen nachholen, was mir mit Worten Ihnen zu sagen offenbar nicht hinreichend möglich war.

Sie wirkten auf mich schmerzerfüllt, sehr sehnsüchtig, auch gekränkt. Wie sollte das anders sein nach allem, was Sie erlebt haben! Und weil Sie Ihre Frau noch immer lieben, sie jedoch nicht mehr da ist, sehnen Sie sich nach ihr, und das tut weh. Ob sie wiederkommt? Wenn sie wiederkäme, wie käme sie wieder – und warum? Und – was denken Sie: Könnten Sie sie so wieder aufnehmen, wie Sie es vielleicht möchten? So leicht wäre das nicht – weder für Ihre Frau noch für Sie –, sich wieder in die Arme zu nehmen und das, was sie getrennt hat, beiseite zu schieben. Viel Ehrlichkeit und Bereitschaft, den anderen verstehen zu wollen, wären dazu notwendig. Ich nehme jedoch an, daß diese Gedanken zur Zeit noch gar nicht Ihr eigentliches Thema sein können.

Sie machen sich Vorwürfe, daß Sie zu spät aufgewacht sind: Sie hätten, sagten Sie, Ihre Liebe viel früher konkret leben Sollen. Sicher, das stimmt. Darüber sollten Sie auch trauern. Sie haben die große Liebe Ihrer Frau verloren. Sie waren ihrer so sicher, daß Sie ganz offenbar die Schönheit und Tiefe ihrer Gefühle zu selbstverständlich genommen haben. Menschliche Liebe jedoch ist, weil sie in sehr irdenen Gefäßen gelebt wird, so sicher nicht. Sie ist nicht nur gefährdet durch den, der sie nicht achtsam genug empfängt, sondern auch durch den Liebenden selbst, der eben nicht nur ein Liebender, sondern auch ein Enttäuschter, ein Verletzter, ein Hadernder oder gar ein Hassender sein kann. Auch der Liebende geht in seinem Gefühl nicht auf, und deshalb muß die Liebe ständig neu gesucht, gefördert und gepflegt werden. – Andererseits –, eben das macht ja die Ambivalenz eines jeden Menschen aus, daß er immer wieder scheitert an seinem Unvermögen, das, was ihm wesentlich und wichtig erscheint, auch in der Tat ganz ernst zu nehmen. Das eben ist ja menschliches Leben auch, daß wir immer wieder gegen uns selbst und andere handeln, auch in den wichtigsten Dingen. Wir werden das grundsätzlich nie ändern. Vielleicht liegt der Grund dafür darin, daß es uns leichter fällt, uns lieben zu lassen als selbst zu lieben. Das erstere haben wir als Kinder gelernt ...

Sie machen aber auch Ihrer Frau Vorwürfe, das kann ich verstehen. Sie hat Sie offenbar auf verschiedenartige Weise gedemütigt. Und solche Erfahrungen treffen uns sicher besonders dann in aller Härte, wenn man sich einmal sehr geliebt hat . Vielleicht aber sind jene Demütigungen, Aggressionen oder einfach nur Lieblosigkeiten dessen, der sich von seinem Partner lossagt, weniger gezielte Handlungen gegen den anderen, sondern eher ein – wenn auch wenig humaner – Versuch, dem Bannkreis alter Vertrautheit leichter entkommen zu können. Und schließlich: Für Ihre Frau gilt, was für Sie und mich und alle anderen gilt – ich sagte es ja schon: Wir scheitern immer wieder an der Kluft zwischen dem, was wir vorhaben, und dem, was wir in Wirklichkeit tun. Diese Kluft, die mir letztlich unüberbrückbar erscheint, wird jedoch für das Leben der Menschen untereinander keine ständige Gefährdung sein, wenn wir sie nicht nur in anderen, sondern in gleicher Weise in uns selbst erkennen.

Ist nun Ihr Leben abgebrochen? Das mag Ihnen jetzt so erscheinen. Wohin Sie in Ihrer Wohnung sehen –, so vieles erinnert Sie an Ihre Frau. An wie viele Gegenstände ist Ihre gemeinsame Geschichte gebunden! Manche Schallplatten, bei deren Musik Sie miteinander getanzt haben, können Sie nicht mehr hören – bereits ihre ersten Klänge überfluten Ihre Seele mit schwerer Melancholie. Worte, die Sie gebrauchen, Gesten, die Sie zeigen, Blicke, die Sie auf bestimmte Dinge richten –, alles bringt Sie in Verbindung mit dem von Ihnen noch immer geliebten Menschen... ja, Sie haben mit Ihrer Frau gelebt, haben mit ihr zusammen-gelebt. In der Zeit Ihres gemeinsamen Lebens haben Sie das Wichtigste und Schönste erlebt, was Menschen erleben können: Sie haben sich beide geliebt. Nun ist Ihre Frau fort, und sie hinterläßt einen großen leeren Raum in Ihnen. Ist deshalb Ihr Leben abgebrochen? Sicher ist Ihr gemeinsames äußeres Leben abgebrochen. Ob auch Ihre innere Beziehung beendet ist – wer will das wissen?

Sie sehnen sich nach ihr, sind mit Ihren Gedanken und Gefühlen ständig in ihrer Nähe. Doch im Laufe der Zeit werden sich Ihre Gefühle verwandeln. Wenn die dunklen Nebel der Melancholie sich zurückziehen, die verletzten Seiten in Ihnen zu heilen beginnen, wenn die in Ihnen immer wieder – verständlicher- und notwendigerweise – auflodernden Wut- und Verzweiflungsausbrüche selten werden –, dann wird Ihr Blick wieder frei werden können für das, was alles Sie mit Ihrer Frau zwar auch an Schwerem, aber auch und im besonderen an Herrlichem erlebt haben. Und diese Erinnerungen werden nicht einfach Requisiten vergangenen Lebens sein müssen –, sie können zu Gefühlsperlen werde, die die Kette Ihrer guten Erfahrungen mit Leben wesentlich verlängern. Es kommt darauf an, ob ich mich auf einen Menschen, der mich verlassen hat, ein-hasse oder sein Bild, das ich einmal geliebt habe oder noch liebe, in mir zu bewahren versuche. Wenn ich ihn nur besitzen wollte, dann liegt die Gefahr, ihn nach seinem Weggang zu hassen, nahe. Wenn ich ihn geliebt habe, dann bleibt mir die Möglichkeit, ihm gut zu sein bis ans Ende meiner Tage, und der ziehende Schmerz des Verlustes kann sich in ein warmes, mich selbst bereicherndes Gefühl für den anderen verwandeln. Es kommt eben darauf an, wohin ich meine Gedanken lenke: auf das, was Leben fördert oder stört, weiter einreißt oder wieder aufbaut. – Es gibt eine kleine Geschichte, die mich seit Jahren begleitet und die ich Ihnen gern in diesem Zusammenhang erzähle: Ein berühmter

Clown wurde einmal von einem Reporter auf seine großen persönlichen Verluste hin angesprochen. Der Clown zieht daraufhin seine Augenbrauen hoch und sagt, fast ungläubig über diese Frage staunend: „Das hab' ich doch gehabt – das *hab'* ich doch gehabt ..."

Ob Ihr Leben nun abgebrochen ist oder nicht – hängt nun keineswegs nur davon ab, in welcher Weise Ihre innere oder gar äußere Beziehung zu Ihrer Frau weitergeht – entscheidend wird sein, ob und in welcher Weise Sie Ihre Gedanken nicht nur in die Vergangenheit, sondern auch und im besonderen in die Gegenwart und die nahe Zukunft lenken. „Der Inhalt der Gedanken", schreibt A. Grün in seinem wertvollen Büchlein „Einreden" (Vier-Türme-Verlag, Münsterschwarzach, S. 13), „bestimmt die Qualität menschlichen Geistes", und weiter: „Wenn der Geist kein Ziel hat, auf das er zusteuern kann, dann fallen alle möglichen Gedanken auf ihn ein. Er ist dem ausgeliefert, was auf ihn von außen einströmt. Er wird von außen (oder von innen, Anm. d. Verf.) gesteuert. Er lebt nicht selbst, sondern wird von außen (oder innen, Anm. d. Verf.) gelebt. Der Geist wird immer etwas denken. Wenn wir ihm nicht vorgeben, was er denken soll, dann wird er sich mit dem beschäftigen, was sich ihm darbietet." Und welche Gedanken könnten Ihren Geist so bestimmen, daß Sie Ihre derzeitig leeren Innenräume wieder, wenn auch anders als bisher, füllen können? Die Gedanken, die mir kommen und die ja für Sie lediglich eine Anregung zum Nach-denken sein sollen, will ich in zehn Punkten zusammenfassen:

1. Es ist unser Geschick, daß wir über den Rand unserer Zeit nicht hinaussehen können; deshalb sehen wir heute noch nicht jene Räume neuen Glücks, die vielleicht wärmer und weiter sind, als wir sie uns heute zu erträumen wagen.

2. Weil wir keine Erfahrung mit zukünftigem Glück haben, scheint uns das vergangene das größte zu sein.

3. Der Schmerz über das verlorene Glück wird uns in dem Maße zarter, behutsamer und achtsamer dem Leben

gegenüber machen, in dem wir uns nicht verhärten und bitter werden.

4. Wenn unsere Liebe Liebe war und nicht gestillter Besitztrieb, dann dürfen wir zwar trauern, sehr trauern um unsere verlorene Liebe, dann wünschen wir aber dem, den wir geliebt haben und noch immer lieben, jene Gunst des Schicksals, die ihn dazu befähigt, sein neues Leben noch mehr als bisher anzunehmen, hinzunehmen, aufzunehmen. Es kommt im letzten nicht darauf an, ob der von uns geliebte Mensch mit uns sein Glück findet –, es kommt darauf an, daß er es findet. – Ob eine solche Haltung einzunehmen schwer ist oder leicht? Es kommt darauf an, ob wir ihn lieben, wirklich lieben.

5. Kann Liebe von einem Menschen zum anderen wechseln? In dieser Welt kann das so sein. Ob dieser Wechsel in jedem Falle wider-sinnig ist? Manche Liebe hat vielleicht eine Aufgabe am anderen – und die kann begrenzt sein.

6. Der, der die Liebe verloren hat, findet vielleicht eine neue. Heißt das etwa, daß die neue Liebe geringer sein werde als die alte?

7. Der, der die Liebe verloren hat, findet vielleicht keine neue. Heißt das etwa, daß er selbst nicht mehr lieben könne?

8. Manchmal muß es sein, daß wir uns empören: gegen Lügen, Verletzungen oder Verrat. Empörung muß in dem Maße sein, in dem wir zu Unrecht niedergedrückt worden sind. Der sich empörende ist der sich „empor-“, also sich wieder auf-richtende Mensch, der nicht zuläßt, daß sein innerster Bereich unangemessen und auf Dauer verletzt wird. Wer diese Verantwortung für sich selbst nicht übernimmt, läßt es zu, daß sich seine Liebe, die er vielleicht noch immer in sich spürt, in Melancholie verwandeln kann.

9. Es kann sein, daß all das, was wir verlieren und im Laufe der Zeit loslassen – ohne Verbitterung loslassen –, uns freier macht – und also liebesfähiger, weil Freiheit die Mutter der Liebe ist.

10. „Vor tausend Jahren sagte mein Nachbar zu mir: ‚Ich hasse das Leben, weil es nichts als Schmerz ist.‘ Und gestern kam ich an einem Friedhof vorbei und sah auf seinem Grab das Leben tanzen“ (K. Gibran, Sand und Schaum, Olten und Freiburg i. Br. 1986, S. 40).

Wir können in unserem nächsten Gespräch, lieber Herr D., über den einen oder den anderen Gedanken, wenn Sie wollen, länger sprechen. Gedanken verändern ja nur dann unser Leben, wenn Sie unsere Gefühle erreichen, und unsere Gefühle erreichen Gedanken nur dann, wenn wir sie lange genug auf uns wirken lassen.

Für heute seien Sie herzlich gegrüßt
von Ihrem
U.B.

PS. Mir geht noch nach, daß Sie sich durch den Satz Ihrer Frau, Sie seien der unpraktischste Mensch der Welt, sehr gekränkt – und Sie sich überhaupt in den letzten Monaten von ihr zutiefst in Ihrem Wert verkannt fühlten. Darf ich Ihnen noch einmal mit meinem Freund Gibran kommen (ebenda, S. 52 und 57)?

„Die Engel wissen, daß zu viele praktische Menschen ihr Brot mit dem Schweiß auf der Stirn des Träumenden essen.“ Und: „Der Berg, in Nebel verhüllt, ist kein Hügel; eine Eiche im Regen ist keine Trauerweide.“

Logotherapie mit einem Gesichtsverletzten

Ein Therapieplan

I. Leiden als Möglichkeit höchster Sinnerfüllung

Es ist das große Verdienst Viktor E. Frankls, ein Thema im Bereich von Medizin und Psychotherapie wichtig gemacht zu haben, das nicht zu den attraktiven Themen zählt; attraktiv deshalb nicht, weil eine Veränderung für Menschen dieses Problemkreises nicht erreichbar zu sein scheint. Ich spreche von unabänderlichem Schicksal.

In vielen Publikationen hat Frankl dargelegt, daß der Mensch grundsätzlich immer Sinn finden kann. Warum? Weil er Sinn zutiefst will und Sinn „im Leben" gegeben, Sinn vor-findlich ist –; weil jeder Mensch einzigartig und einmalig ist, seine wechselnden Lebenssituationen einzigartig und einmalig sind und er sich auf die in diesen Lebens-Situationen enthaltenen, auf ihn hin „zugeschnittenen" Sinnmöglichkeiten einlassen und ausrichten kann[1]. Leben hat „Aufgabencharakter": „Das Leben selbst ist es, das dem Menschen Fragen stellt. Er hat nicht zu fragen, er ist vielmehr der vom Leben Befragte, der dem Leben zu antworten – das Leben zu verantworten hat"[2]. Kann aber der Mensch, zumal der an einem unabänderlichen Schicksal leidende Homo patiens, leisten, was er leisten soll? Grundsätzlich ja, weil der „Wesensgrund" seiner Existenz Verantwortlichkeit und sie unverlierbar ist und weil seine Ex-sistenz ein Freisein zur Verantwortlichkeit ist. Freiheit und Verantwortlichkeit wiederum begründen die beiden menschlichen „Urvermögen": die Fähigkeit zur „Selbsttranszendierung" und „Selbstdistanzierung", Fähigkeiten, die der Mensch – wie seine Freiheit und Verantwortlichkeit – grundsätzlich nie verliert. Will aber der Mensch überhaupt, zumal der irreversibel Geschädigte, was er soll? Und wieder gilt: Grundsätzlich ja, weil Selbsttranszendenz zutiefst Ausdruck der menschlichen Hingabe an das Leben ist. Doch der Mensch mit einem unabänderlichen Schicksal – etwa mit einem inoperablen Karzinom, amputierten Beinen oder einem verwüsteten Gesicht –, sind für ihn nicht solche grundsätzlichen anthropologischen Reflexionen ein Skandal? Nur dann, wenn auch für ihn die in unserer Zeit favorisierte Lebensalternative des Homo faber – Erfolg und Mißerfolg – als Maß zur Beurteilung des Wertes von Leben gilt. Reizt aber Frankl nicht geradezu den Leser, wenn er darüber hinaus äußert, unabänderliches Leiden als unabwendbarer Verlust der psychophysisch gegebenen Wertmöglichkeiten sei „nicht bloß ... irgendeine Möglichkeit, sondern ... die Möglichkeit, den höchsten Wert zu verwirklichen“[3]? Dieser Satz reizt nur den, der nicht die dimensionale Differenz der Kategorienpaare Erfolg und Mißerfolg, Erfüllung und Verzweiflung kennt[4]:

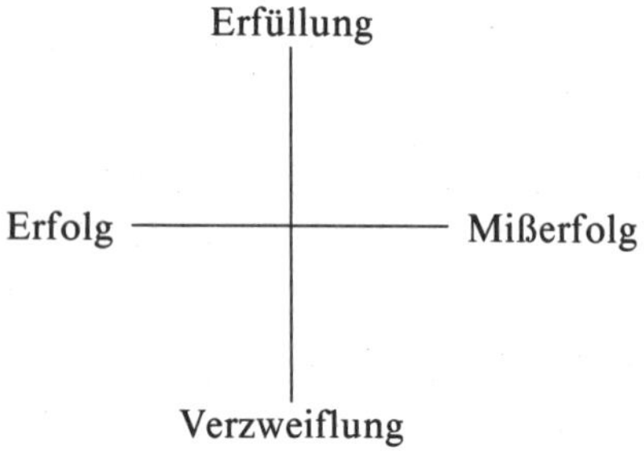

Nicht der Homo faber, der kreative, seine schöpferischen Potenzen entfaltende Mensch, auch nicht der Homo amans, der Erlebnisfähige, gelangt zu höchster Sinnerfüllung. Sicher sind deren Wege Möglichkeiten zur Sinnfindung, ihre Wertmöglichkeiten wurzeln jedoch nicht in der spezifisch humanen, sondern in der psychophysischen Dimension und sind deshalb dimensional verschieden von denen des Homo patiens: „Würden wir den Triumph des Homo patiens, seine Sinn- und Selbsterfüllung im Leiden in die Linie der Erfolgsethik hineinprojizieren, so müßte er sich auf Grund der dimensionalen Differenz punktuell abbilden, d.h.: wie ein Nichts aussehen, als eine Absurdität imponieren ... in den Augen des Homo faber muß der Triumph des Homo patiens Torheit und Ärgernis sein“ [5].

„Einstellungswerte verwirklichen“ nennt die Logotherapie die Möglichkeit, zu seinem Schicksal Stellung zu nehmen, dann nämlich, wenn die Möglichkeiten zur Verwirklichung von schöpferischen Werten oder Erlebniswerten stark eingeschränkt oder gar unmöglich geworden sind. „Dann aber kann es dazu kommen“, – so Frankl in einem Gespräch mit dem Verfasser am 13.7.1973 –, „daß ich das Tiefste aus mir herausbringe, indem ich längst nicht mehr liebe und diene, sondern leide und im Leiden Zeugenschaft ablege, was der Mensch sein kann – im Äußersten, in der Grenzsituation. Das ist Selbstverwirklichung, das, was ich Einstellungswerte genannt habe, – das Sinnfinden, im hoffnungslosen, aussichtslosen Leiden. Das ist Selbstverwirklichung ... Denn da werde ich erst ich selbst, da bringe ich das Beste aus mir heraus. Dann zeigt sich: Ich bin noch im Leiden ich selbst gewesen, ich selbst geworden. Denn im Leiden wird man erst man selbst und ganz man selbst.“

Verstehen lassen sich diese Sätze, wenn deutlich ist, was in der Sicht der Logotherapie Menschsein letztlich bedeutet: Für sie ist die Liebe die personale Seinsweise des Menschen, und Liebe ist Hingabe an eine andere Person. Hingabe aber heißt: verzichten zu können auf die Verwirklichung der eigenen Wertmöglichkeiten – um des anderen, um „höherer“ Werte willen. Wenn aber Liebe Hingabe bedeutet und Preisgabe der eigenen Wertmöglichkeiten, ist dann nicht letztlich jede Wertverwirklichung Verzicht und damit Leiden, und liegt dann nicht das Leiden im Wesen der Liebe?

Zwei Gründe haben mich unter anderem veranlaßt, diese Arbeit zu schreiben.

Erstens: Es ist meines Erachtens wichtig, daß wir Schüler Frankls das Thema „Realisierung von Einstellungswerten“ bewußter als bisher aufnehmen, eigenständig verarbeiten und nach weiteren Konkretisierungen der logotherapeutischen Arbeit mit Menschen, die an einem unabänderlichen Schicksal leiden, suchen.

Zweitens: Es ist meines Erachtens darüber hinaus wichtig, daß wir mehr als bisher in literarischen und persönlichen Gesprächen mit Kollegen anderer Fachrichtungen, etwa der Medizin, der Psychotherapie, der Sozialpädagogik, über diesen scheinbar unattraktiven, weil scheinbar nicht „therapierbaren“ Patiententypus nach-denken. Der irreversibel Geschädigte ist darauf angewiesen, daß auch jene, die fachlich mit seinem Geschick zu tun haben, das Beste aus sich herausholen und sich in ihrer Arbeit ergänzen.

Der nun folgende Teil ist der Versuch, therapeutische und lebensberaterische Elemente für die Arbeit mit einem Menschen vorzustellen, dessen Gesicht durch einen Unfall völlig entstellt ist.

II. Therapieplan für eine logotherapeutische Arbeit mit einem Gesichtsverletzten

Vorbemerkungen:
Erstens: Der Plan ist gedacht als Anregung für die Arbeit mit irreversibel Leidenden überhaupt.

Zweitens: Die Folge der angebotenen Elemente hat nicht die Vorstellung zur Voraussetzung, daß die Gespräche in dieser Sequenz zur Sprache zu kommen hätten.

Drittens: Der Plan stellt lediglich eine Auswahl möglicher Hilfen dar.

Viertens: Gedacht ist im folgenden an einen Verletzten, der erst kürzlich aus dem Krankenhaus entlassen wurde.

1. Die Vorbereitung auf den Gesichtsverletzten

Weil wir nicht häufig Menschen mit entstellten Gesichtern sehen, empfiehlt sich, wenn möglich, eine längere Vorbereitung auf diese erste Begegnung.

a) Wir sind in der ersten Sitzung in dem Maße „bei“ ihm, in dem wir uns intuitiv auf das uns fremde Leiden eingestellt haben. Wir „sehen“ das Gesicht eines Gesichtsverletzten und lassen uns einfallen, was er denken und fühlen könnte. Unsere Intuition kann uns helfen, uns der Tiefendimension dieses irreversiblen Schicksals nähern zu können. Mögliche Gedanken und Gefühle des Verletzten:

Ich habe mein Gesicht verloren. – Bodenloses Entsetzen. – Ich möchte mich verstecken. – Das Mitleid der anderen kann ich nicht ertragen. – Wie kann ich fortan Mitleid und Zuneigung auseinanderhalten? – Alles ist sinnlos geworden. – Ich kann mich niemandem mehr zumuten. – So will ich nicht sein. – Ich bin gezeichnet. – Alles ist aussichtslos. – Wenn ich doch nicht das Auto genommen hätte! – Niemand wird mich mehr umarmen. – Meinen Beruf kann ich nicht mehr ausüben. – Meine Frau wird mich nicht mehr lieben können. – Meine Frau wird nicht bei mir bleiben. – Ich fühle mich ausgestoßen. – Man dreht sich nach mir um. – Alle Schuld rächt sich auf Erden. Das ist nun meine Strafe. – Wie konnte Gott das zulassen? – Ich werde einsam sein. – Ich hasse die anderen und bin neidisch auf sie. – Wie kann ich damit weiterleben? – Ich kann mich nicht mehr ansehen. – Ich ekele mich vor mir selber. – Ich stoße andere ab. – Ich möchte sterben. – Bin ich noch der, der ich war? – Wofür soll ich mich noch anstrengen? – Das Leben ist vorbei. – Daran werde ich mich nie gewöhnen. – Alles teilt sich in „Vorher“ und „Nachher“. – Ich möchte mich verstecken. – Wegen meines Gesichtes bin ich einmal geliebt worden. – Ich schäme mich so! – Der Spiegel meiner Seele ist zerbrochen. – Kann ich das sein? – Ich habe meine Identität verloren. – Ich bin anders als die anderen, und jeder sieht das. – Ich scheue das Tageslicht. – Ich möchte den Spiegel zerschlagen. – Niemand lacht mit mir. – Der Glöckner von Notre-Dame. – Ich bin ein Scheusal. – Ich habe keine Zukunft mehr. – Wie haben eigentlich andere damit gelebt? – Ich fühle mich wie ein Aussätziger. – Ich möchte diese Fratze zerstören. – Wer versteht mich denn wirklich? – Wer bin ich jetzt? – Ich habe keinen Platz mehr im Leben. – Womit habe ich das verdient? – Mein Tod wäre für alle eine Erleichterung. – Aber ich bin doch da, ich möchte doch leben! – Nichts wird so wie früher sein. – Gibt es wirklich keinen Ausweg mehr? – Mein Personalausweis braucht ein neues Bild. – Ich werde nie mehr unbefangen einkaufen können. – Zum ersten Mal bin ich in einer Situation, die ich nicht mehr ändern kann. Oder doch? – Sie geben sich Mühe, ihr Erschrecken zu verbergen. – Ich bin in zwei Teile zerfallen: äußerlich – innerlich. – Hätte ich nur früher gewußt, wie schön das Leben ist! – Ich will mit diesem Gesicht nicht 'rumlaufen. –

b) Vergegenwärtigung des eigenen Unbehagens, der eigenen Betroffenheit, der eigenen Ängste. – Werde ich in seine Augen sehen können? – Werde ich Kraft genug haben, neben der Konfrontation mit anderem schweren Schicksal die vermutlich länger dauernde Therapie durchhalten zu können?

c) Vergegenwärtigung der vermutlich abgründigen Not des anderen. Mich hat er angerufen. Meditation des Hillel-Satzes: „Wenn nicht ich, wer denn? Und wenn nicht jetzt, wann denn?“

d) Anthropologische Meditation: Der Mensch ist mehr als seine Störung. Der Verletzte ist nicht identisch mit seiner Gesichtsverletzung, er hat eine Verletzung.

2. Gib mir, was Dir wehtut

Schweigen; – da-sein; zu-hören; – die Augen des anderen suchen, über die Augen eine Brücke zu bauen beginnen zwischen ihm und mir, das Gesicht zu durch-schauen versuchen. – Sich anrühren lassen von seinem Schmerz und gleichzeitig sich festhalten an dem Satz: Er ist „mehr“ als seine Gesichtsverletzung.

Werte lassen sich nur im Hier und Jetzt verwirklichen. Mein Gegenüber „gibt mir das letzte, woran er noch irgend glaubt, in die Hand: Er spricht, er teilt sich mir mit, er findet es wert, ... über sich und seinen Zustand noch einmal hinauszugehen. So versuche ich, mit ihm den ersten Wert zu leben, eingedenk des Hier und Jetzt, in das wir in unserer ‚conditio humana‘ immer gestellt sind. Ich versuche alles auszublenden, was war, was sein könnte. Ich konzentriere mich auf ihn hier, was er jetzt sagt, und bitte ihn, dasselbe zu tun. Wir lassen alles andere beiseite. Es gibt nur ihn, der sich mir anvertraut, und mich, der jetzt ausschließlich für ihn da ist. Bewußtwerden des Daseins füreinander, hier, wir beide, jetzt.“ [6]

Eine Einstellungsmodulation wie die folgende wäre möglich: „Ich habe nichts, was Sie jetzt aus Ihrer Verzweiflung herausreißen könnte. Ich bin nur bei Ihnen und habe Ihnen eben zugehört. Ich sehe Sie vor mir und glaube, daß es gut ist, hier mit Ihnen zu sein. Ich will jetzt nicht woanders sein. Sie fragen, was denn Ihrem Leben überhaupt noch oder jemals wieder Grund und Sinn geben könnte, und ich frage mich, was meinem Leben eigentlich Grund und Sinn gibt. Doch das, was für mich gilt, kann für Sie, zumal in dieser Zeit, keine Antwort sein. Ich glaube jedoch, daß wir nach Antworten für Sie suchen könnten, wir miteinander. Mir fällt ein Bild ein:

Wenn ich in ein Tal fahre und auf die dieses Tal umgebenden Berge sehe, dann denke ich: ‚So hoch also sind die Berge, die ich von weitem gesehen habe.‘ Steige ich dann, sagen wir einmal, 800 m höher, staune ich – denn ich erkenne, daß über die von mir aus dem Tal betrachteten Berge hinaus weit höhere aufragen. Das hätte ich nicht erwartet ... Steige ich um weitere 500 m höher, entdecke ich, daß über jene höheren Berge hinaus sich noch einmal ein weit mächtigeres Gebirgsmassiv ausbreitet. Und vielleicht habe ich noch nicht einmal den Gipfel erreicht, von dem aus ich noch viel weiter sehen könnte ...

Heute stehen Sie im Tal ... Und der Weg bergauf ist sehr, sehr mühsam, und Sie werden oft umkehren wollen und sich fragen: ‚Wozu diese Quälerei? Schaff' ich's überhaupt, und wie hoch schaff' ich's? Lohnen sich diese Anstrengungen etwa?'

Dann sollten wir anhalten, wenn Sie so fragen, und Sie sollten sagen, was so schwer für Sie ist, und ich würde mich bemühen, Sie nicht billig zu trösten.

Irgendwann wieder weiter gehen – darauf käme es an, und ich würde mit Ihnen gehen, ganz gewiß."

3. Wie ist „das alles" gekommen?

Sprache ist die Freiheit des Geistes gegenüber der Situation, in der wir uns vorfinden oder vorgefunden haben. Sprache schafft Beziehung zu Glück und Elend, verhindert die Verselbständigung von Gedanken und Gefühlen. Sprache schafft den Gedanken und Gefühlen Ordnung, Klärung, schafft Selbst-Distanz.

Darum: Über den Unfall berichten lassen, detailliert berichten lassen. Was geschah vor und nach dem Unfall, was beim Unglück? Gedanken und Gefühle in diesen Zeiten? Zum Vor-Schein kommen lassen die Gedanken und Gefühle von Verzweiflung, Schmerz, Schuld, Anklagen, Selbstanklagen, Angst, Ausweglosigkeit; die Wenn- und Aber-Sätze aussprechen lassen. – Zuhören, Verstehensfragen stellen, behilflich sein, auch das Un-sagbare sagen zu können. Sprache befreit, weil das Sich-stellen der Wahrheit befreit.

4. Die erste Begegnung mit der alten und neuen Wirklichkeit und sich selbst

Themen: Das Erwachen; die Begegnungen mit Ärzten, Schwestern, Angehörigen, Freunden – ihre Offenheit, ihr Ausweichen – ihre Antworten; der Blick in den Spiegel. – Was war das Schwerste, was das Überraschendste, was das Grundgefühl?

Die Frage nach dem *Schwersten* ist zugleich die nach dem Leichteren, Ertragbaren; sie ermöglicht eine unterschiedliche Gewichtung der Probleme, führt zum Erkennen einer Hierarchie der Schwierigkeiten. Nicht alle Widerfahrnisse sind von gleichem Schweregrad. – Die Frage nach dem *Überraschendsten* kann den Klienten darauf aufmerksam machen, daß die Erfahrung der Ambivalenz von Leben auch noch in den leidvollsten Situationen Geltung haben kann, das heißt: daß Leben auch dann hervorbrechen kann, wenn wir es am wenigsten erwarten. – Die Frage nach dem *Grundgefühl* ist keine Anleitung zur Selbstbeobachtung, sondern der Versuch, eine Beziehung zu jenem Gefühl einzuleiten, das das Denken und Handeln des Homo patiens bestimmt. Sie könnte unter Umständen sogar einen ersten, wenn auch noch so schmalen Stollen zum verschütteten Willen zum Leben, zum sinnvollen Leben hin graben.

„Ich will nicht mehr leben."

„Sie wollen nicht mehr leben?"

„Wie kann ich denn mit diesem Gesicht weiterleben?"

„Sie wissen es heute noch nicht, Sie werden es wohl auch morgen noch nicht wissen. Nur – ist da nichts mehr in Ihnen, was sich heute, jetzt, in Ihnen bewegt, was Sie am Leben halten könnte? Da ist kein Gedanke mehr, der Sie – nur ein wenig – noch ins Leben zieht?"

5. Die soziale Situation

Die Lebenssituation des Gesichtsverletzten hat sich radikal verändert. Konkrete Lebensfragen bedrängen ihn aller Voraussicht nach außerordentlich.

Diese Fragen – familiäre, berufliche, juristische, wirtschaftliche – gehören in die Logotherapie, weil sie die Bedeutung der wechselseitigen Bezüge zwischen Person und Außenwelt nicht verkennt. Deshalb sieht sie auch ihre Aufgabe darin, die den Patienten umgebende engere und weitere Welt nicht nur zu interpretieren, sondern ihn auch dazu zu motivieren, sie soweit wie nötig und möglich zu verändern.

Das bedeutet für den Logotherapeuten unter Umständen auch einmal – und in unserem Fall ganz besonders – sozial einzugreifen, damit der Patient die notwendigen Bedingungen, seine Möglichkeiten zur Entfaltung zu bringen, erhält.

Je früher sich unserem Patienten anstehende Probleme zu lösen beginnen, je eher sich neue Lebensperspektiven erschließen, desto freier und bereiter wird er für die Aufarbeitung seiner ganz persönlichen, tieferen Konflikte sein. Sicher ist wichtig, daß er so früh wie möglich eigenverantwortlich handelt, dennoch wird sich in ihm das Gefühl, angenommen zu sein, auch in dem Maße zu entwickeln beginnen, in dem sich andere jener Aufgaben annehmen, die er selbst noch nicht realisieren kann. Nicht nur aus solchen Gründen, sondern ebenso mit Blick auf die Möglichkeit der Erfahrung, auch mit seinem entstellten Gesicht ernst genommen zu werden, sollte deshalb ein interdisziplinäres Team (Logotherapeut, Mediziner, Jurist u. a.) ihm zur Seite stehen.

In diesen Bereich gehört nun auch und insbesondere der ständige Kontakt mit den Angehörigen. Themen: Verständnis für ihren Kranken vorbereiten; ihre eigenen Bedrängnisse zur Sprache bringen lassen; Möglichkeiten der Hilfe für ihn und für sie selbst suchen. Die Gespräche sollten – je nach Situation – sowohl mit Einzelnen als auch mit der Familie einschließlich des Kranken geführt werden.

6. Anthropologische Meditationen

Wer eine solch tiefe Lebenskrise wie der Gesichtsverletzte bestehen will, wird über sein eigenes Menschsein hinaus nach Grund, Wesen und Sinn menschlichen Lebens überhaupt zu fragen haben. Mit ihm anthropologisch meditieren heißt, mit ihm in eigener Anschauung und Sprache in Bildern, Beispielen, Parabeln, Gleichnissen den Leidenshorizont des Patienten auszuweiten versuchen und ihm so eine vertiefte Sicht in menschliches Sein zu ermöglichen.

Themen: Der Mensch ist mehr als sein Leid, also auch mehr als seine Gesichtsverletzung. – Menschsein heißt, sich verändern und gestalten zu können. – Wenn wir die Menschen und Dinge nicht ändern können, so doch unsere Einstellung zu ihnen. – Leiden als Möglichkeit zu höchster Sinnfindung. – Über den Aufgabencharakter des Lebens. – Was ist schwer – nicht geliebt zu werden oder nicht selber lieben zu können? Texte, Musik, Bilder sind mögliche Medien anthropologischer Meditation. Ein Textbeispiel[7]:

Trotzdem
für Anna, meine 18jährige Tochter
Schau dir das hingespuckte Stück Leben an
vom Geborenwerden bis hin zu einem Tod
wie das nur weh tut und uns quält
und müde macht das Suchen nach dem Glück
Trotzdem kämpfen wir
trotzdem glauben wir
trotzdem lieben wir
trotzdem.

Schau dir all die verbrauchten Gesichter an
die sich selbst verloren haben vor der Zeit
wie man sie gebrochen hat mit System
und weil die Angst so sehr gefügig macht
Trotzdem kämpfen wir
trotzdem glauben wir
trotzdem lieben wir
trotzdem.

Schau dir die Welt und ihre Kriege an
das endlose Morden, die Zerstörungen ohne Sinn
und wie man unseren Stern verdirbt und langsam schleift
nur weil das Geld die Welt regiert
Trotzdem kämpfen wir
trotzdem glauben wir

trotzdem lieben wir
trotzdem.

Schau dir den Baum vor deinem Fenster an
die Blätter im Regen, die Blätter im Licht
wie er sich aufrecht hält wie ein Wort
und nicht schweigen will, bis man ihn fällt
Trotzdem kämpfen wir
trotzdem glauben wir
trotzdem lieben wir
trotzdem.

7. Existenzanalyse

Wer eine solch tiefe Lebenskrise bestehen will, wird auch nach dem Grund, Wesen und Sinn seines Lebens vor seiner Verletzung zu fragen haben: Was war ihm wichtig? Worauf legte er Wert? Woran hing sein Herz? Welche Möglichkeiten hatte er, und welche davon könnte er auch weiterhin realisieren? Waren da latente, nie gelebte Neigungen und Begabungen, längst gefühlte, doch nie übernommene Verantwortungen (Erweiterung des Wertgesichtsfeldes)? Die ihm verbliebenen oder erst (wieder) erkannten Möglichkeiten, seine unter Umständen neu aufbrechenden Wünsche nach Realisierbarkeit und Schwierigkeit so konkret wie möglich mit ihm zu bedenken, wird eine wichtige Aufgabe dieses Teiles sein. In diesen Bereich könnten auch Fragen gehören wie zum Beispiel: Öffnung zur Gemeinschaft? Soziales Engagement? Beteiligung an einer Selbsthilfegruppe oder Gründung einer solchen Gruppe?

Um dem Patienten die Möglichkeit zu geben, einerseits so rasch wie möglich neue Kontakte zu seinem veränderten Leben zu finden und andererseits ihm Hoffnung auf sinnvolle Alternativen zu seinem bisherigen Dasein allmählich wachsen zu lassen, wäre mit ihm darüber nachzudenken, welche erarbeiteten Lebens-möglichkeiten bald, welche wohl erst später zu verwirklichen seien.

Vielleicht ließe sich seine Hoffnung verstärken und, wenn zunächst auch nur in Ansätzen, ein neuer Mut zum Sinn evozieren durch das Thema: Die Chance, von nun an radikal sein zu können (radix – die Wurzel), das heißt: jenseits aller Konventionen das ihm wesentlich und wichtig Erscheinende auch tun zu können.

8. Das Akzeptieren der Grenzen

Weniges befreit uns mehr als das Akzeptieren unserer Grenzen. Das gilt auch für den Homo patiens. Vieles ihm Wichtige und Liebgewordene kann er nicht mehr tun. Ihn das aussprechen, aus-klagen, aus-trauern zu lassen, ist eine notwendige Katharsis seiner Seele. Die gemeinsame Suche nach einem „Abschiedsritual" für seine nicht mehr lebbaren Möglichkeiten könnte Anlaß für ihn werden, mehr als bisher seinen Blick von der Vergangenheit lösen zu helfen und in seine neue Zeit zu sehen.

9. Zwischenbilanz

Was ist – familiär, sozial, beruflich, juristisch, wirtschaftlich – erreicht worden, was noch nicht? Was stagniert, was bahnt sich bereits an? Die Differenzierung der Schwierigkeiten, die Wahrnehmung der positiven Veränderungen vermindert den globalen Druck, unter dem er steht, und gibt zugleich Klarheit über die weiteren anstehenden Aufgaben.

10. Übende Verfahren

Ihm ein lebendigeres, positiveres, vertieftes Körpergefühl vermitteln zu helfen als Basis für seine leidvolle seelisch-geistige Auseinandersetzung mit sich und der Welt, ist Aufgabe dieses Teiles. Welche Sportart würde er bevorzugen? Zu welcher Entspannungsübung könnte er Zugang finden? Durch Eutonie[8] könnte er lernen, sein Gesicht von innen zu

„berühren“ und auf eine ihm bis dahin unbekannte Weise eine Beziehung zu seinem „inneren“ Gesicht zu entwickeln.

Autogenes Training könnte ihn ganzheitlich entspannen, vor allem aber eine veränderte, positivere Einstellung zu seinem Leid vermitteln zu helfen. Als Vorsatzformeln bieten sich zum Beispiel an: „Ich bin mehr als mein Gesicht – mehr als meine Unansehnlichkeit. Ich sage ja zu meinem Da-sein, sage ja zu mir selbst“ (das Negative nicht verschleiern, das Positive evozieren). – Und/oder: „Ich sehe den anderen“ (vgl. dazu VI.: „Was ist schwerer – nicht geliebt zu werden oder nicht selber lieben zu können?“).

11. Weitere hilfreiche Elemente

Überlegungen der Ärzte, weitere gesichts-chirurgische Eingriffe vorzunehmen, könnten – nach Absprache mit den Chirurgen – auch Thema unserer Arbeit sein: Was befürchtet der Patient, welche Hoffnung entwickelt er? Warum ist sein Mut so gering? Überschätzt er die Möglichkeiten weiterer Eingriffe u. ä.?

Durch die logotherapeutische Traumanalyse könnte er die (noch) vorhandenen Schwierigkeiten, Möglichkeiten und Aufgaben „vertieft“ zu sehen lernen und insgesamt zu vertiefter Berührung mit seinem eigenen Sein kommen.

Beispiele gelungenen Lebens von Menschen in vergleichbarer Lebenslage sind für manche Patienten Anlaß zum Ärger oder zur Entmutigung („Das schaffe ich doch nie!“), in anderen locken sie den Wunsch hervor, in ähnlicher Weise das Beste aus sich herauszuholen.

Positive und negative Reaktionen dieser Art erleben wir auch mit Hinweisen auf Literatur. Die einen verweigern Literatur, die ihr Leid betrifft, mit dem Hinweis, „bloße Theorie“ helfe ihnen nicht weiter; die anderen suchen begierig nach Erweiterung ihres Horizontes zum Beispiel durch „verdichtete“ Weisheit.

Wer mit einem Menschen spricht, der eine solch tiefe Identitätskrise erlebt wie der Gesichtsverletzte, wird selber zutiefst berührt werden von den Fragen nach Grund, Wesen und Sinn menschlichen Seins überhaupt und jenen Fragen des uns anschauenden leidenden Menschen im besonderen. Unsere Gespräche sind dicht, unsere Beziehung ist tief, und entsprechend sind die Möglichkeiten, einander zu verletzen oder zu befreien. Wie sind wir „da" füreinander; sind wir „da" für den anderen? Kann er vertrauen, fühlt er sich angenommen und verstanden? Was stört? Was ist noch ungesagt? Wodurch behindere ich den anderen in seinem Wunsch nach Offenheit? Kann ich wahr-nehmen, was er meint? Kann er wahr-nehmen, was ich meine? Wenn wir nicht „beieinander" sind, kann uns ein offenes Gespräch über das Verdeckte zusammenbringen.

Vielleicht sind Therapeuten diejenigen, die diesen Patienten zum ersten Mal nach seinem tiefen „Fall" – vielleicht auch zum ersten Mal in seinem Leben – sehen lassen, daß der Mensch „mehr" ist als sein Leid, seine Schuld und sein Scheitern – wenn wir den Mut und die Liebe haben, das Gestörte und Kranke im anderen Menschen wahr-zunehmen und in ihm dennoch das zu sehen, was er ist, was wir sind: verletzte Menschen – auf der Suche nach Sinn.

Anmerkungen

[1] Vgl. z.B.: Viktor E. Frankl, Der Mensch vor der Frage nach dem Sinn, Eine Auswahl aus dem Gesamtwerk, München/Zürich 1979, S. 223f.

[2] Ders., Ärztliche Seelsorge, Wien [10]1982, S. 72.

[3] Ders., Grundriß der Existenzanalyse, in: Grundzüge der Neurosenlehre, München, Berlin, Wien 1972, Bd. II., S. 695f.

[4] Ders., Theorie und Therapie der Neurosen, München/Basel 1975, S. 187.

[5] Ders., ebd., S. 187f.

[6] Alfried Längle, Das Seinserlebnis als Schlüssel zur Sinnerfahrung, in: Sinn-voll heilen, Freiburg/Basel/Wien 1984, S. 50f.

[7] Erika Pluhar, Trotzdem, in: Hoffnungstexte, Stuttgart 1985, S. 60f.

[8] Vgl. z.B.: Mariann Kjellrup, Bewußt mit dem Körper leben, Spannungsausgleich durch Eutonie, München 1980.

Ich bin mehr als meine Psychose

Begleitende Beratung einer manisch-depressiven Klientin

Zu den guten Erfahrungen integrativ-logotherapeutischer Arbeit gehört die Kooperation mit jenen Psychiatern, die sich einer mehrdimensionalen Betrachtungsweise des Menschen nicht verschließen und psychotisch erkrankte Menschen nicht von vornherein und ausschließlich unter somatischem Aspekt betrachten.

„Über alles Individuelle und Persönliche hinaus läßt sich ... aufweisen, daß die Psychose mehr ist als eine bloße Krankheitsart: immer ist sie auch eine Weise und Möglichkeit des Menschseins."

Dieser Satz Viktor E. Frankls, den er in seinem Buch „Theorie und Therapie der Neurosen" (München/Basel [5]1983; siehe zum Folgenden die Abschnitte „Endogene Psychosen" und „Existenzanalyse der Psychosen", S. 50 ff.) sagt und begründet, eröffnet und fordert aus unserer Sicht die Zusammenarbeit zwischen Psychiatrie und Logotherapie. Dieser Satz sollte jedoch nicht über die „prinzipielle Somatogenese", die Entstehung der Psychosen im körperlichen Bereich, hinwegtäuschen.

Was ist jenes „mehr", und was also begründet die interdisziplinäre Arbeit von Psychiatrie und Logotherapie?

Ich fasse die wichtigsten Einsichten Frankls in das Wesen der Psychosen kurz zusammen:

- Menschlicher Geist ist und bleibt „unversehrt", auch dann, wenn ein Mensch psychotisch ist. Menschlicher Geist kann nicht erkranken: „Auch hinter aller neurotischen Zerrüttung und psychotischen Verrückung" sind

Freiheit und Verantwortlichkeit, ist die Menschlichkeit des Menschen wahrnehmbar.

- Darum gilt es, „die Auseinandersetzung zwischen dem Menschlichen im Kranken und dem Krankhaften am Menschen“ anzuregen und das Menschliche, Freiheit und Verantwortlichkeit, in den Grenzen des Möglichen zur Entfaltung bringen zu helfen.
- Die Psychose ist zwar ein „biologisches Faktum“, keinesfalls aber ein „biographisches Fatum“, ein Verhängnis also, das jedweder Gestaltungsmöglichkeit verschlossen wäre. Denn: Die Psychose hat einen „Sinn für den Patienten selbst; aber dieser Sinn ist nicht gegeben, sondern er wird gegeben, der Psychose gegeben vom Patienten selbst: Der Kranke ist es, der seiner Krankheit den Sinn zu geben hat“.

  Die Sinnsuche des Patienten anzuregen und die ihm und seiner lebensgeschichtlichen Situation angemessene Einstellung zu seiner Krankheit finden zu helfen –, das ist Möglichkeit und Aufgabe von Logotherapie bei psychotisch kranken Menschen – in Zusammenarbeit mit der Psychiatrie.

Wie eine die psychiatrische Therapie begleitende logotherapeutische Arbeit aussehen kann, werde ich nun am Beispiel einer 50jährigen Frau, die seit etwa 30 Jahren manisch-depressiv krank ist, schildern.

Gegen den Rat ihres Psychiaters nahm Frau S., eine Altenpflegerin, an einem Seminar über die Sinnfrage teil. Er hatte befürchtet, daß eine intensive Beschäftigung mit dieser Thematik Auslöser für eine weitere Erkrankung hätte sein können. Gerade die Sinnfrage jedoch war für Frau S. mehr und mehr zu ihrem zentralen Lebensproblem geworden. Das Seminar veranlaßte sie, sich logotherapeutisch beraten zu lassen, und die Auswirkungen der Beratung veranlaßten den Psychiater seinerseits, neu über den Zusammenhang von Leib, Seele und Geist nachzudenken.

I. Bemerkungen zur Vorgeschichte

Frau S. wird 1936 geboren. Von den Eltern spricht sie liebevoll. Vater, der schon vor ihrer Geburt manisch-depressiv erkrankte, nennt sie „eher schwächlich", Mutter dagegen „lebensbejahend". Die Krankheit ihres Mannes nimmt sie offenbar nicht zur Kenntnis. Mit dem Satz: „So ist er eben", kommentiert sie Hinweise von Freunden, er bedürfe wohl ärztlicher Hilfe, weil er „etwas sonderbar" sei. Auch als die Tochter mit 20 Jahren erkrankt, sagt die Mutter zunächst, die zu beobachtenden „Merkwürdigkeiten" seien „nichts Besonderes" –, sie sei eben die Tochter ihres Vaters. Auf eigene Initiative hin bemüht sich die Tochter um ärztliche Hilfe.

In vielem ist Mutter ihr Vorbild, so auch darin, das Schwierige und Dunkle im Leben nicht übermäßig zu beachten. Diese Form der Lebenseinstellung wird Frau S. später einerseits darin helfen, den in den depressiven Phasen immer wieder andringenden Suizidimpulsen letztlich widerstehen zu können. Andererseits wird es gerade diese Einstellung sein, aus der heraus sie zu häufig Verletzungen und Kränkungen unbeantwortet läßt.

Zunehmend sieht sie ihr ganzes Leben von ihrer Krankheit bestimmt. Sie fühlt sich als Außenseiter, als Mensch ohne Recht auf Dasein; sie leidet unter dem Gefühl, minderwertig zu sein, glaubt, keinen Anspruch auf das zu haben, was Menschen ihrer Umgebung haben: Liebe, Familie, Anerkennung, ja, sie empfindet im Laufe der Zeit immer mehr, „all das" brauche sie nicht. In der schriftlichen Auflistung ihrer Krankheiten lesen wir von zwölf zum Teil längeren Psychiatrie-Aufenthalten und zahllosen nicht-psychiatrischen Erkrankungen.

II. Die beratenden Gespräche

Im folgenden werde ich nicht den Verlauf unserer Arbeit, sondern die wesentlichen Gesprächselemente wiedergeben, die Frau S.' eigenem Bekunden nach – neben den Medikamenten – ihr ein verändertes Lebensgefühl und einen Zuwachs an Sinnqualität vermittelten, wodurch sich die manischen und depressiven Phasen in Länge und Tiefe reduzierten:

1. Wesentlich für sie wurden – wieder ihrer eigenen Aussage nach – unsere Gespräche zum Thema: Ich bin nicht manisch-depressiv, ich habe eine Depression, eine Manie – und das nicht immer, sondern in Phasen. Ich bin „mehr" als meine Psychose. Ihr ging auf, daß sie nicht mit ihrer Krankheit identisch ist, daß hinter allen Irrungen und Wirrungen ihrer Gedanken, Empfindungen und Gefühle ihre Person unverwechselbar bleibt und sie selbst den Verlauf ihrer Krankheit mitgestaltet und -prägt, vielleicht nicht immer durch Handlungen, wohl aber durch ihre Haltung.

Sie entdeckte, daß ihre Krankheit für sie eine, wenn nicht *die* Möglichkeit war, nach dem Besten in sich und im Leben zu suchen, was ihr Grund, Halt und Sinn geben konnte. So gelangte sie zunehmend zu einem aufmerksameren Leben – und zu der Einsicht, daß sie aller Wahrscheinlichkeit nach – trotz ihrer Depressionen – weit mehr Sinn erfahre als viele andere.

Darüber hinaus erkannte Frau S., daß sie nicht wie bisher jede Niedergeschlagenheit Depression und nicht jede Heiterkeit Manie nennen mußte. Sie entdeckte sich selbst wieder als Mensch in der ihr entsprechenden Art von Sein und Ausdruck –, allerdings mit einer tiefgreifenden Störung, aber –: *mit* einer Störung.

Daß sie aufmerksamer zu leben begann, hatte nicht zuletzt seinen Grund in der Betrachtung ihrer Träume und den Schlußfolgerungen, die sie daraus zog.

2. Wir haben ihre Träume nicht analysiert, wir haben sie uns angesehen. Träume ansehen: das hieß: Wir ließen uns

von den Träumen die Themen nennen, mit denen Frau S. sich, ihr oft nicht bewußt, in ihrer Tiefe beschäftigte. Ihre Träume zeigten ihr

- den Grad ihrer Verletzt- und Gekränktheit im Arbeitsbereich,
- die Tiefe ihrer Wünsche nach Anerkennung und Geltung,
- ihre Sehnsucht nach Zärtlichkeit –, aber auch
- die hellen Zeiten ihrer Lebensgeschichte – und vor allem
- ihr tiefes religiöses Verwurzeltsein.

Behutsam und deutlich und jeweils ihrem Zustand entsprechend haben wir – vor allem den Themen ihrer Träume folgend – die Geschichte ihres Lebens, Denkens, Empfindens und Fühlens betrachtet: das Schwere und das Leichte, das Ungekonnte und das Gelungene, die sinnleeren und die sinnvollen Stunden.

Frau S. gewann immer mehr Gespür und Interesse für sich und andere und die Welt um sich herum. Und indem sie sich ihrer selbst mehr bewußt wurde, gelangte sie zu vertieftem Selbstbewußtsein –, und dadurch wagte sie, mehr als bisher Dinge zu tun, die ihren Neigungen und Vorstellungen entsprachen. Durch ihre wachsende Offenheit erweiterte sich ihr Wertgesichtsfeld, und sie verwirklichte manches, dem sie früher mit Skepsis und Angst gegenübergestanden hatte. Auch den Fortschritt in ihrer Entwicklung spiegelten die Träume ihr wider, wodurch sie weiter ermutigt wurde.

3. Es gab nicht wenige Stunden, in denen unsere Gespräche denkbar schwierig, vielleicht auch unergiebig waren, in den Zeiten eben, in denen die Nebel der Schwermut besonders tief hingen. Dann aber war mir wichtig, durch diesen Nebel hindurch mir das jetzt in ihr verdeckte Freie, Verantwortliche, Gesunde, das „Menschliche“ vorzustellen, mich ihres Gesichtes der letzten Stunde zu erinnern, sie häufiger als sonst mit ihrem Namen anzusprechen, sie klagen und vor allem sie spüren zu lassen, daß sie mir in solchen Stunden nicht weniger liebenswert war als sonst.

Die Mühe, das auszudrücken, was sich zwischen uns in solchen Stunden tat, zeigt mir wieder einmal, das wir das Wesentliche dessen, was Frankl „personale Begegnung“ nennt, sprachlich kaum sagen können –, vielleicht am ehesten so:

Der sich selbst entfremdete oder von sich selbst evakuierte Mensch ist, wenn überhaupt, in seinem Wesens-Grund an-sprechbar, wenn ihm jemand begegnet, der ihm zuteil werden läßt, was er mehr als alles andere braucht – und wozu er selbst kaum oder gar nicht Zugang hat –: Liebe. Mag sein, daß er auch dann nicht in der von ihm selbst gewünschten Weise respondiert, dennoch wird dieses vermittelte Gefühl ihm ein wichtiger Baustein für seinen Weg in ein verändertes Leben sein können.

Leben-lernen-Seminare

Ein Beitrag zur logotherapeutischen Gruppenarbeit

I. Die Anfänge

Seit 1982 werden im Hamburger Institut für Integrative Logotherapie Leben-lernen-Seminare veranstaltet. Sie erstrecken sich über einen Zeitraum von zehn Monaten und finden einmal wöchentlich – zweistündig – statt. Wie kamen sie zustande?

1. Nicht wenige der an der neuen Einrichtung des Instituts Interessierten äußerten den Wunsch, das logotherapeutische Gedankengut, das ihnen zum Teil aus der Literatur bekannt war, „von innen" kennenzulernen – nicht zuletzt in der (geäußerten) Hoffnung, dadurch mehr Lebensqualität erlangen zu können.

2. Einige wünschten Gruppenarbeit, um Lebensprobleme besser als bisher bewältigen zu lernen, ohne „zu persönlich werden zu müssen". Sie suchten Gespräche in einer Gruppe, die „einen anderen Geist" als den der „traditionellen" Selbsterfahrungsgruppen haben sollten.

3. Andere wünschten sich eine Vertiefung jener anthropologischen Grundgedanken, die sie in logotherapeutischen Einzelberatungen kennengelernt und nach denen sie ihr Leben neu auszurichten begonnen hatten. Diese drei Motive, die zur Einrichtung der Leben-lernen-Seminare geführt hatten, sind auch heute noch die wesentlichen Gründe für die Teilnahme an dieser Veranstaltungsreihe.

Die Grundfragen, auf die Antworten erwartet werden, sind:

1. Wer ist der Mensch?
2. Was sind die Bedingungen für die Möglichkeit eines gelingenden Lebens?
3. Wie lassen sich Einsichten in konkretes Leben übersetzen?

II. Die Aufgaben

Aus diesen Grundfragen ergeben sich für das Konzept der Seminare drei Aufgaben. Es geht

1. um die ontologische Betrachtung dessen, wer der Mensch sein kann, will und soll,
2. um die Vermittlung der daraus resultierenden fundamentalen Lebens-Hilfen,
3. um die konkrete Hilfe dazu, daß der einzelne Teilnehmer seine eigenen ungelebten Lebensmöglichkeiten, seine nicht gelebten Möglichkeiten von Freiheit und Verantwortung zur Entfaltung bringen kann.

III. Die Gruppe

In einem Vorgespräch mit dem Leiter klärt jeder potentielle Teilnehmer, warum er an dem Seminar, in das bis zu 15 Personen aufgenommen werden, teilnehmen möchte.

Nicht aufgenommen werden psychotische, stark neurotische Menschen und jene, die primär an gruppendynamischen Prozessen interessiert sind.

Aufgenommen werden Menschen jeden Alters und Bildungsstandes, weil die Sinnfrage als spezifisch humane Frage nicht an Alter und Bildungsstand gebunden ist. Und – um es gleich vorweg zu sagen – gerade die Verschiedenartigkeit der Teilnehmer in Alter, Bildung, Beruf und persönlichem Geschick verlangt von allen Beteiligten ein elementares Sprechen, verlangt das Bemühen darum, das Gedachte, Gemeinte, Gefühlte so unmittelbar und einfach wie möglich zur Sprache, zur Klärung zu bringen. Dieses gemeinsame Ringen um Verstehen führt immer wieder zu einem überraschenden, oft erstmaligen Begreifen dessen, was der andere, „fremde" Mensch denkt, meint und fühlt.

Im Anschluß an die zweistündigen Sitzungen bleiben in aller Regel viele Teilnehmer – ohne den Leiter – noch längere Zeit beieinander, vertiefen ihre Gedanken zum Thema oder besprechen miteinander persönliche Fragen. Auch während der Woche haben nicht wenige Mitglieder Kontakt zueinander. Aus diesen Kontakten formulieren sich nicht selten Wunschthemen für die kommenden Sitzungen.

IV. Das Problem der Aneignung von Erkenntnissen

Alles Wichtige über den Menschen und seine Möglichkeiten, sinnvoll zu leben, ist längst gesagt worden. Eine der wichtigen Fragen jedoch für jeden, der pädagogisch, therapeutisch oder beraterisch arbeitet, ist die nach der Möglichkeit, Hilfe zur existentiellen An-eignung von Ideen, Gedanken, Einsichten, die wert-voll zu sein scheinen, geben zu können. Wie kann aus der Faszination von anthropologischen Erkenntnissen konkrete Wirkungsgeschichte werden? Wie kann z. B. das Hohelied der Logotherapie von der Selbsttranszendierungs- und -distanzierungsfähigkeit des Menschen zu gelebten persönlichen Veränderungen führen? Wie läßt sich das, was mich be-geistert, so einver-leiben, daß ich anders als bisher die mir vom Leben angebotenen Sinnmöglichkeiten in der Tat wahr-nehme? Gibt es Wege, die von der Kenntnisnahme der logotherapeutischen Anthropologie der Hoffnung zu geist-voll gelebter Wirklichkeit führen? Wie kann aus Erkenntnis existentielle Erfahrung werden?

Der Mensch ist ja immer wieder ein Rebell gegen seine eigenen Möglichkeiten. Und ist er ein leidender Mensch, dann läßt er sich von seinen eigenen existentiellen Erfahrungen nicht selten in einen Skeptizismus führen, aus dem heraus er eine Rebellion gegen seine ungelebten Möglichkeiten nicht mehr riskiert. Doch drängt der unverlierbare Sinnwille des Menschen immer wieder nach Gestaltwerdung, nach Sinn, nach Leben – manchmal jedoch erst dann, wenn er – durch Anregung anderer – seiner möglichen Sinngestalten (wieder) ansichtig geworden ist.

Faszinierend, begeisternd, hoffnungs-voll ist nun meines Erachtens das Bild vom Menschen und seinen Möglichkeiten, wie Viktor E. Frankl es dargestellt hat.

V. Der Grundriß des logotherapeutischen Menschenbildes

Der Mensch ist seinem Schicksal nicht ausgeliefert. Er kann sich von sich selbst distanzieren und über sich selbst hinauswachsen. Er kann sein Leben verändern, weil er frei ist, frei zur Verantwortlichkeit gegenüber dem Sinn seines Daseins.

Jeder Mensch fragt nach Sinn (= Logos), solange er lebt, und jeder Mensch fragt für sich und als einzigartige Person – auf einzigartige Weise nach Sinn.

Wir können Sinn finden, weil Sinn im Leben vor-findlich ist, und deshalb hat Leben „Aufgabencharakter". „Daß der Sinn in der Welt liegt und nicht primär in uns selbst", so Frankl, „geht so weit, daß der Mensch eigentlich nicht nach dem Sinn seines Daseins fragen dürfte, sondern umgekehrt sich selbst als einen Befragten, seine eigene Existenz als ein Gefragtwerden interpretieren sollte; denn letzten Endes ist er nicht einer, der zu fragen hat, sondern das Leben stellt ihm Fragen – er hat zu antworten, und zwar, indem er die Lebensfragen beantwortet – indem er sein Leben ver-antwortet. Er muß also nach einer Antwort an das Leben suchen, den Sinn des Lebens suchen – um ihn schließlich zu finden, aber nicht zu er-finden; er kann nicht einfach einen Sinn dem Leben ‚geben': Er muß ihn ihm ‚entnehmen'"[1]. Und der Mensch ist – im Grunde – motiviert, Sinn zu suchen und zu verwirklichen, die ihm vom Leben gestellten

Fragen existentiell zu beantworten. Faszinierend, grund-legend und hoffnungs-voll sind diese Grundelemente dieses Menschenbildes:

- der Glaube an die Möglichkeit der Erfahrung von Sinn im Leben – auch und vielleicht gerade dann, wenn der Raum für Sinnerfahrung begrenzt zu sein scheint;
- die Überzeugung von der Erfahrung der Kraft von Selbstverantwortung, die den Menschen befähigen kann, trotz aller Begrenztheiten seine Existenz gestalten und bejahen zu können;
- die Gewißheit, daß in jedem Menschen ein ursprüngliches Gefühl lebendig ist – sei es ihm auch noch so verborgen –, sinn-voll dasein zu wollen.

Dieses Menschenbild ins konkrete Leben übersetzen zu können! Dieses Bild vom homo humanus die Menschen auf-nehmen, es sich ein-bilden zu lassen! Das gelingt auch in einem Leben-lernen-Seminar nur ungenügend. Und doch gibt es Ansätze, dieses Bild so attraktiv vor-zu-stellen, daß der darauf Sehende ein tiefes Bedürfnis entwickelt, sich nach ihm auszurichten.

Im folgenden können nur einige wenige Ansätze aus einer Arbeit von 80 Stunden vermittelt werden.

VI. Bildhafte Texte als Brücke zwischen kognitiver und existentieller Erkenntnis

1. Grundsätzliches

Geschichten, Gedichte, Fabeln, Parabeln, Gleichnisse, Sinnbilder – bildhaft verdichtete Literatur über Größe und Elend, Freiheit und Zwang, Verantwortung und Bindungslosigkeit, Klugheit und Dummheit, Erfahrung und Unerfahrenheit, Leben und Tod sind vorrangig die Medien unserer Arbeit.

Bildhafte Texte dieser Art spiegeln die „ursprünglichen Grundfiguren des Seins“[2] wider, helfen uns, die vor-handene Realität zu transzendieren und auf die „Träger des innersten Lebens“ [3] zu sehen.

Bildhafte Texte dieser Art berühren jene emotionalen Seiten im Menschen, die im „geistig Unbewußten“ ihre Wurzeln haben. Das geistig Unbewußte aber ist nach logotherapeutischer Sicht der Grund der menschlichen Person [4]. Die Texte sprechen also das geistig Emotionale, die „Weisheit des Herzens“, jene „raison du cœur“ (Pascal) an, die Gründe zum Leben kennt, die dem Verstand nicht zugänglich sind. Sie schaffen „Mut zum Sein“ (Tillich), entbergen den „Willen zum Sein“ (Frankl), der den Menschen befähigt, nicht nur sein Elend, sondern auch seine Größe, nicht nur sein Scheitern, sondern auch seine Möglichkeiten zu sehen –, differenzieren zu können zwischen dem ihn Bedingenden und dem Unbedingten in ihm. Das bedeutet: Sofern die Texte bildhaft die Selbsttranszendierungs- und distanzierungsfähigkeit des Menschen zum Aus-druck bringen, betreffen sie sein Zentrum, per-sonieren, durch-tönen sie die Tiefen der Person. Wenn das geschieht, beginnt der Mensch (wieder) zu leben, zu existieren, sich mit dem Leben in Beziehung zu setzen: „Zum Wesen des Menschen gehört das Hingeordnet- und Ausgerichtetsein, sei es auf etwas, sei es auf jemand, sei es auf ein Werk oder auf einen Menschen, auf eine Idee oder auf seine Person. Und nur in dem Maße, in dem wir solcherart intentional sind, sind wir existentiell ...“ [5]

2. Die Konkretisierung: Die Texte in der Gruppenarbeit

Für den Gruppenleiter sind folgende fünf Punkte zu beachten:

a) Jeder Text wird sorgsam ausgesucht und auf seinen möglichen „Sitz im Leben“ der Teilnehmer und des Gruppenverlaufs bedacht.
b) Jeder Teilnehmer hat einen eigenen Text. So können die Arbeit am Text im Seminar erleichtert und Gedanken und Gefühle in der Nacharbeit vertieft werden.

c) Nicht unwichtig ist die Mitteilung, daß das Gespräch über Texte nichts mit akademisch-schulischer Arbeit zu tun habe (es ist schon erstaunlich, daß offenbar nicht viele Menschen ihre Schul-Traumatisierungen überwunden haben).
d) Eine mehrminütige Stillarbeit nach Verteilen des Textes verhilft dem Leser dazu, eine eigene Beziehung zu den vor ihm liegenden Worten zu entwickeln. Er denkt nach, besinnt sich, versucht zu klären, macht sich Notizen, bereitet sich auf das Gespräch vor.
e) Der Gruppenleiter hält sich in der ersten Gesprächsphase mit seinen eigenen Interpretationswünschen zurück, bemüht sich darum, daß das Gedachte, Gemeinte, Gefühlte so deutlich wie möglich zum Vor-schein kommt. Dann aber teilt auch er sich in dem von ihm Gedachten, Gemeinten, Gefühlten mit. Das Gespräch im Seminar ist ein Dialog zwischen allen Teilnehmern.

Unter diesen Voraussetzungen können die bildhaften Texte emotionelle Bewegungen innerhalb der Gruppe auslösen:

a) Das Ansprechen der geistig emotionalen Seite der Teilnehmer durch die bildhafte Sprache führt in aller Regel zu einem raschen gemeinsamen Gesprächsengagement. Jeder empfindet etwas, zustimmend oder ablehnend, was auch der im Reden wenig Geübte äußern könnte.
b) Die Texte lösen, wenn auch manchmal nur mimisch erkennbar, Reaktionen bei den Gruppenmitgliedern aus, die den, der dachte, er stehe mit seinem Konflikt allein, ermutigen, seine Lebensfragen mitzuteilen. So kann er, befreit aus seiner Isolation, mit anderen gemeinsam an Lösungen arbeiten.
c) Die Teilnehmer identifizieren sich ganz, teilweise oder gar nicht mit dem Text. Er ist ein Spiegel, der ihnen erlaubt, zu einer distanzierteren Wahrnehmung ihrer eigenen Möglichkeiten zu kommen. Nossrat Peseschkian, der in seine therapeutische Arbeit vorwiegend bildhafte „Geschichten“ seiner iranischen Heimat einführt, schreibt diesen eine „Modellfunktion“ zu: „Sie geben

Konfliktsituationen wieder und legen Lösungsmöglichkeiten nahe bzw. weisen auf die Konsequenzen einzelner Lösungsmöglichkeiten hin. Sie fördern damit ein Lernen am Modell. Dieses Modell ist nicht starr und vorgegeben. Welche Aspekte ein Patient realisieren kann, hängt von seinen Bedürfnissen und Möglichkeiten ab"[6]. – Manche Texte spiegeln auch Lebenseinstellungen wider, die der Leser unter keinen Umständen für sich verbindlich machen möchte. Warum nicht? Weil er davor ausweicht, sich frei zu entscheiden oder Verantwortung zu übernehmen? Vielleicht aber auch deshalb, weil sein Weg ein anderer ist –, und so erkennt er seinen eigenen Weg deutlicher als bisher.

d) Nicht die Gruppenteilnehmer, sondern die Gestalten und Handlungen der Texte sind zunächst Mitte des Gesprächs. Daraus resultiert die „Schutzfunktion", die die Texte für den Einzelnen haben. Peseschkian sagt dazu: „Dabei können ... in schonender Form Mitteilungen gemacht werden, auf die ‚der andere' erfahrungsgemäß aggressiv reagieren würde; auf der anderen Seite hat man selber die Möglichkeit, sich in einer anderen Kommunikationsform als in der üblichen zu äußern. Die Kommunikation kann freier gestaltet werden"[7]. – Das gilt auch für Konflikte innerhalb der Gruppe, die dringend einer Klärung bedürfen. Ein geeigneter Text kann die Probleme transparent machen und mögliche Ausblicke eröffnen. Auf humane Weise können Teilnehmer im Medium des Textes sich auszusprechen beginnen und unter diesem Schutz dann auch unmittelbar ihre Schwierigkeiten miteinander klären. (In vielen Gruppensitzungen verschiedenster Provenienz habe ich keine Form kennengelernt, in der so häufig frei gelacht und befreit geweint werden konnte wie in den Leben-lernen-Seminaren.)

e) Visualisierte Gedanken haften länger als abstrakt aufgenommene im Gedächtnis. Die Bilder, die wir miteinander vertieft haben, können zu Leit-bildern und deshalb auch in späteren Situationen aktualisiert werden. Sie wirken nach, wirken par cœur, assoziieren sich mit anderen Bildern, reifen zu Symbolen für gutes, gelingendes Leben heran.

VII. Eine Auswahl anderer Medien der Gruppenarbeit

Ergänzt wird die Arbeit mit bildhaften Texten z. B. durch Betrachten von Bildern, Hören von Musik, projektive Spiele oder Interwritings.

1. Bilder und Musik

„Die Person enthüllt sich in ihrer Biographie, sie erschließt sich, ihr Sosein, ihr unverwechselbares Wesen nur einer biographischen Explikation, während sie sich einer direkten Analyse verschließt“[8]. Für das Leben-lernen-Seminar kann aus diesem zentralen existenzanalytischen Satz Frankls folgende praktische Anwendung gezogen werden:

Die Mitglieder bringen Bilder und Musik aus verschiedenen Zeiten ihres Lebens mit, zu denen sie eine besonders persönliche Beziehung haben, Bilder und Musik, die Symbole ihres Lebens sind und in denen sie sich tiefer durch Gedanken und Worte verstehen und sich aussprechen können. Die anderen Teilnehmer betrachten lange schweigend die Bilder, hören sich in die Musik ein und bringen dann zum Ausdruck, was sie in den Medien von Bild und Musik in dem anderen ent-decken. Und die Gruppe findet in aller Regel „mehr“ und „Größeres“ als das, was der andere in sich selbst erahnen und vermuten konnte. Gespräche darüber schließen sich an.

2. Projektive Spiele

Jeder Teilnehmer erhält eine Vielzahl bunter kleiner Papierdreiecke und -quadrate. Der Leiter nennt als Spiel-Thema, z. B. „Sinn“, „Freiheit“, „Liebe“. Alle beginnen daraufhin – nach einer kurzen Besinnung auf das Thema – ihrer Intuition folgend „Bilder“ zu „legen“. Nach etwa einer halben Stunde liegen Figuren verschiedenster Art auf dem Tisch und rufen zunächst – jedes Mal neu – ein großes Staunen und ein unmittelbares Erleben der Einzigartigkeit und Unverwechselbarkeit jedes Teilnehmers hervor. Man betrachtet nacheinander jedes einzelne „Bild“ und äußert dazu Eindrücke und Ideen. Danach beschreibt der „Bildner“ selbst seine Gedanken und Gefühle während der letzten halben Stunde und antwortet auf die Gedanken und Gefühle der Gruppe.

Neben der tief wirkenden Erfahrung der Einmaligkeit jeder einzelnen Person – das Staunen darüber kann z. B. zu der für viele neuen Erkenntnis führen, daß der Mensch letztlich von keinem anderen beurteilt werden kann – gelangen die Teilnehmer, nicht zuletzt durch das Gespräch mit den anderen, zu einem vertieften Verständnis für das bearbeitete Thema. Gute Wünsche werden entbunden, Lösungen angebahnt, Schwierigkeiten bei der Realisierung der Wünsche schärfer erkannt.

3. Das Interwriting

Eine Übung, die weniger Bildschichten berührt, dafür jedoch um so mehr die Fähigkeit zum Bedenken des Wesentlichen fördert, ist das sogenannte Interwriting.

Das Plenum teilt sich in drei Gruppen mit je vier oder fünf Teilnehmern. Jeder erhält eine freie Seite und notiert darauf das vom Leiter genannte Thema, z. B. „Aufgabencharakter des Lebens“, „Gott“, „Schicksal“. Jeder ist gehalten, nur einen Satz zu dem genannten Thema zu schreiben und die Seite dem Nachbarn weiterzureichen. Dieser wiederum bedenkt den ihm vorgelegten Satz, reagiert mit seinem Satz darauf und reicht die Seite wiederum weiter. Auf diese Weise entwickelt sich ein stilles Rundgespräch – es dauert etwa eine Stunde –, das mit einem verbalen Gespräch, zunächst in der Kleingruppe, dann im Plenum abschließt.

Fast immer brechen durch diese stumme, höchst intensive Kommunikation Fragen auf, die dann thematisch unter Umständen die nächsten Wochen bestimmen. Nicht selten aber erfahren die Teilnehmer auch Gedanken, Einsichten, Ermutigungen, die fast therapeutische Valenz haben.

VIII. Textbeispiele der Leben-lernen-Seminare

1. Das für die Leben-lernen-Seminare konstitutive logotherapeutische Menschenbild, wie es im V. Abschnitt summarisch formuliert wurde, und die daraus ableitbare, wesentliche existentielle Hilfe können z. B. durch folgende Geschichte[9] eingeführt werden:

Der Adler

Ein Mann ging in einen Wald, um nach einem Vogel zu suchen, den er mit nach Hause nehmen könnte. Er fing einen jungen Adler, brachte ihn heim und steckte ihn in den Hühnerhof zu den Hennen, Enten und Truthühnern. Und er gab im Hühnerfutter zu fressen, obwohl er ein Adler war, der König der Vögel.

Nach fünf Jahren erhielt der Mann den Besuch eines naturkundlichen Mannes. Und als sie miteinander durch den Garten gingen, sagte der: „Der Vogel dort ist kein Huhn, er ist ein Adler!" – „Ja", sagte der Mann, „das stimmt. Aber ich habe ihn zu einem Huhn erzogen. Er ist jetzt kein Adler mehr, sondern ein Huhn, auch wenn seine Flügel drei Meter breit sind." „Nein", sagte der andere. „Er ist noch immer ein Adler, denn er hat das Herz eines Adlers. Und das wird ihn hoch hinauf-

fliegen lassen in die Lüfte." – „Nein, nein", sagte der Mann, „er ist jetzt ein richtiges Huhn und wird niemals wie ein Adler fliegen." Darauf beschlossen sie, eine Probe zu machen. Der naturkundliche Mann nahm den Adler, hob ihn in die Höhe und sagte beschwörend: „Der du ein Adler bist, der du dem Himmel gehörst und nicht dieser Erde: breite deine Schwingen aus und fliege!" – Der Adler saß auf der hochgestreckten Faust und blickte um sich. Hinter sich sah er die Hühner nach ihren Körnern picken, und er sprang zu ihnen hinunter. Der Mann sagte: „Ich habe dir gesagt, er ist ein Huhn." – „Nein", sagte der andere, „er ist ein Adler. Versuche es morgen noch einmal."

Am anderen Tag stieg er mit dem Adler auf das Dach des Hauses, hob ihn empor und sagte: „Adler, der du ein Adler bist, breite deine Schwingen aus und fliege!" Aber als der Adler wieder die scharrenden Hühner im Hofe erblickte, sprang er abermals zu ihnen hinunter und scharrte mit ihnen.

Da sagte der Mann wieder: „Ich habe dir gesagt, er ist ein Huhn." „Nein", sagte der andere, „er ist ein Adler und hat noch immer das Herz eines Adlers. Laß es uns noch ein einziges Mal versuchen; morgen werde ich ihn fliegen lassen." Am nächsten Morgen erhob er sich früh, nahm den Adler und brachte ihn hinaus aus der Stadt, weit weg von Häusern an den Fuß eines hohen Berges. Die Sonne stieg gerade auf, sie vergoldete den Gipfel des Berges, jede Zinne erstrahlte in der Freude eines wundervollen Morgens. Er hob den Adler hoch und sagte zu ihm: „Adler, du bist ein Adler. Du gehörst dem Himmel und nicht dieser Erde. Breite deine Schwingen aus und fliege!"

Der Adler blickte umher, zitterte, als erfüllte ihn neues Leben – aber er flog nicht. Da ließ ihn der naturkundliche Mann direkt in die Sonne schauen. Und plötzlich breitete er seine gewaltigen Flügel aus, erhob sich mit dem Schrei eines Adlers, flog höher und höher und kehrte nie wieder zurück.

2. Die anthropologische Unmöglichkeit, eigenes oder anderes menschliches Sein zu „erfassen", weil die imago hominis sich letztlich dem fremd- oder selbsterfahrerischen Zugriff entzieht, bringt ein Text K. Gibrans[10] zum Ausdruck:

Von der Selbsterkenntnis

Und ein Mann sprach: „Rede uns von Selbsterkenntnis."
Und er antwortete also:
Euer Herz weiß im stillen um die Geheimnisse der Tage und Nächte.
Doch euer Ohr dürstet nach dem Laut des Wissens in euch.
Ihr möchtet in Worten wissen, was eure Seele stets gewußt.
Ihr möchtet mit Händen rühren an den nackten Leib eurer Träume.
Und dem ist gut so.
Die verborgene Quelle muß unbedingt aus eurer Seele entspringen und murmelnd dem Meere zufließen;
Denn der Schatz in eurem tiefsten Innern möchte eurem Auge sichtbar werden.
Doch wieget nicht euren unbekannten Schatz auf einer Waage;
Und erforschet nicht die Tiefe eures Wissens mit dem Meßstock oder der Lotschnur.
Denn das Ich ist ein Meer ohne Maß und Grenzen.
Saget nicht: „Ich habe die Wahrheit gefunden", – sagt lieber: „Ich habe eine Wahrheit gefunden."
Saget nicht: „Ich habe den Pfad der Seele entdeckt",
– sagt lieber: „Ich habe die Seele getroffen, auf meinem Pfade wandelnd."
Denn die Seele wandelt nicht auf einer Bahn, noch wächst sie wie ein Schilfrohr.
Die Seele entfaltet sich gleich einer Lotosblume, aus Blütenblättern ohne Zahl.

3. Um über die Franklsche Motivationslehre vom „Willen zum Sinn“ ins Gespräch kommen zu können, bietet sich ein kurzer Text A. Solschenizyns[11] an:

Wir sägten Holz, griffen dabei nach einem Ulmenbalken und schrien auf.

Seit im vorigen Jahr der Stamm gefällt wurde, war er vom Traktor geschleppt und in Teile zersägt worden, man hatte ihn auf Schlepper und Lastwagen geworfen, zu Stapeln gerollt, auf die Erde geworfen – aber der Ulmenbalken hatte sich nicht ergeben!

Er hatte einen frischen grünen Trieb hervorgebracht – eine ganze künftige Ulme

oder einen dichten, rauschenden Zweig.

Wir hatten den Stamm bereits auf den Bock gelegt, wie auf einen Richtblock;

doch wir wagten nicht, mit der Säge in seinen Hals zu schneiden.

Wie hätte man ihn zersägen können?

Wie sehr er doch leben will – stärker als wir!

4. Logotherapeutisch nach Sinn fragen heißt, als konkreter Mensch in einer konkreten Situation nach seiner konkreten Sinnmöglichkeit zu fragen. Jetzt und hier kann ich Sinn finden, weil jetzt und hier mir Leben begegnet. Wer so denkt, lebt gegenwärtig, „kriegt es“ nicht „mit der Angst“.

Der alte Straßenkehrer verrät seiner kleinen Freundin Momo[12] sein Geheimnis:

Es ist so:
Manchmal hat man
eine sehr lange Straße vor sich.
Man denkt,
die ist so schrecklich lang;
das kann man niemals schaffen,
denkt man.
Und dann fängt man an, sich zu eilen.
Und man eilt sich immer mehr.

Jedesmal, wenn man aufblickt,
sieht man,
daß es gar nicht weniger wird,
was noch vor einem liegt.
Und man strengt sich noch mehr an,
man kriegt es mit der Angst,
und zum Schluß
ist man ganz
außer Puste
und kann nicht mehr.
Und die Straße
liegt immer noch vor einem.
So darf man es nicht machen.

Man darf nie an die ganze Straße
auf einmal denken,
verstehst du?
Man muß nur
an den nächsten Schritt denken,
an den nächsten Atemzug,
an den nächsten Besenstrich.
Und immer wieder
nur an den nächsten.
Dann macht es Freude;
das ist wichtig,
dann macht man seine Sache gut.
Und so soll es sein.
Auf einmal merkt man,
daß man Schritt für Schritt
die ganze Straße gemacht hat.
Man hat gar nicht gemerkt wie,
und man ist nicht außer Puste.
Das ist wichtig.

5. Wie kaum eine andere therapeutische Richtung ermutigt die Logotherapie den Menschen dazu, sich auszustrekken und auszurichten auf die Möglichkeiten auch seiner eigenen Existenz:

Wage zu träumen
von dir
und dem, was du nicht bist

wage zu träumen
von dir
und dem, was du nicht hast

wage zu träumen
von dir
wie du wirklich bist

wage zu träumen
von dir
und nach dem Erwachen
verwasche nicht
dein traumhaft
wahres
Gesicht[13]

6. Die einzigartige Sinnsuche verdeutlichen die Zeilen W. Poeplaus[14]:

Wenn du zum Tor
des Lebens gelangen willst,
mußt du aufbrechen, einen Weg suchen,
der auf keiner Karte verzeichnet
und in keinem Buch beschrieben ist.
Dein Fuß wird an Steine stoßen,
die Sonne wird brennen
und dich durstig machen,
deine Beine werden schwer werden.
Die Last der Jahre
wird dich niederdrücken.

Aber irgendwann wirst du beginnen,
diesen Weg zu lieben.
Weil du erkennst, daß es dein Weg ist.
Du wirst straucheln und fallen,
aber die Kraft haben, wieder aufzustehen.
Du wirst Umwege und Irrwege gehen,
aber dem Ziel näherkommen.
Alles kommt darauf an,
den ersten Schritt zu wagen.
Denn mit dem ersten Schritt
gehst du durch das Tor.

7. Den „Aufgabencharakter" des Lebens beschreibt der Schriftsteller W. Kramp[15] so:

Die Witwe Rainer Maria Rilkes erzählte mir einmal, sie sei eines Tages mit ihrem Manne spazierengegangen, schweigend, in Gedanken versunken wie der Dichter auch. Plötzlich habe sie bemerkt, daß ihr Mann sich nicht mehr an ihrer Seite befand. Sie habe sich umgewandt und habe Rilke erblickt, wie er unter einem schönen, einzelnen Baum stand, das Gesicht ihr zugewandt in einem solchen Ausdruck von hilfloser Not und Qual, daß sie tief erschrak. Sie sei zurückgeeilt, habe ihren Mann am Arm ergriffen und ihn nach der Ursache seiner schrecklichen Verstörung gefragt. Denn sein Gesicht sei ihr in der Tat erschienen wie dasjenige eines Menschen, der sein Sterben nahen fühle.

Und Rilke habe ihr geantwortet: „Mir war, als sähe der Baum mich an und wollte eine Antwort von mir haben. Aber ich konnte nicht antworten."

Dies hat ein Dichter erlebt. Aber sein Erlebnis ist nicht nur den Künstlern vorbehalten; es kann uns allen widerfahren. In unser aller Leben nämlich gibt es Augenblicke, die uns der einzelnen Kreatur und ihrer stummen Frage so unmittelbar gegenüberstellen, daß wir das Gefühl haben: entweder es gelingt mir jetzt, aus der Tiefe meines eigenen Seins heraus zu antworten, oder aber ich verderbe, ich schwäche mich selbst, ich verliere meinen menschlichen Namen, mein menschliches Gesicht. Nicht nur der Dichter erfährt dies, sondern diese Erfahrung gehört ganz einfach zu unserer menschlichen Geschaffenheit.

Alles wesentliche Leben nämlich heißt: Antwort geben. Ein Leben ist so viel wert, als es Antwort gibt. Denn wir Menschen sind immerfort gefragt. Der Hund, der Sperling, die Ratte fragen uns in ihrer Lust und in ihrer Qual. Der Mensch an unserer Seite fragt uns. Das Sein insgesamt fragt uns mit tausend Fragen. Zu jeder Stunde anders. Mit tausend Stimmen, laut und schweigend, beglückend und quälend. Immerfort sind wir gefragt. Das ist unsere Gabe und unsere Last als Menschen. Dies macht es aus, daß kein einziger Augenblick unseres Lebens dem anderen verglichen werden kann. Lebendig sein heißt: in jeder Stunde die ganz neue und andere Frage hören, die das Leben uns stellt, und mit einem Wort antworten, das immer wieder ein gleichsam erstes Wort ist.

8. Gefährdung und Möglichkeit von Freiheit und Verantwortlichkeit spiegelt ein Gedicht E. Frieds[16] wider:

Letzter guter Rat

Hinter der Hecke sitzen sie
Leben und Tod
Beide rufen mich
beide wollen mir raten

Hinter der Hecke
höre ich ihre Stimmen
Durch die Hecke darf ich nicht durch
darf sie nicht sehen

„Hör auf dein Unglück zu lieben
und liebe dein Glück!
Noch heut! Du hast nicht mehr viel Zeit!“
ruft die eine Stimme

Die andere sagt:
„Behalte lieb was du liebhast
Auch sein Unglück lieben kann Glück sein
und die Liebe wechseln bringt Unglück“

Dann sagen sie beide: „Geh!“
und ich gehe und weiß
eine davon ist mein Tod
und eine mein Leben

9. Ein Text J. P. Hebels[17] veranschaulicht die Notwendigkeit, selbst verantwortlich zu sein:

Seltsamer Spazierritt

Ein Mann reitet auf seinem Esel nach Haus und läßt seinen Buben zu Fuß nebenherlaufen. Kommt ein Wanderer und sagt: „Das ist nicht recht, Vater, daß Ihr reitet und laßt Euren Sohn laufen; Ihr habt stärkere Glieder.“ Da stieg der Vater vom Esel herab und ließ den Sohn reiten. Kommt wieder ein Wandersmann und sagt: „Das ist nicht recht, Bursche, daß du reitest und lässest deinen Vater zu Fuß gehen. Du hast jüngere Beine.“ Da saßen beide auf und ritten eine Strecke. Kommt ein dritter Wandersmann und sagt: „Was ist das für ein Unverstand, zwei Kerle auf einem schwachen Tier. Sollte man nicht einen Stock nehmen und euch beide hinabjagen?“ Da stiegen beide ab und gingen zu Fuß, rechts und links der Vater und Sohn, und in der Mitte der Esel. Kommt ein vierter Wandersmann und sagt: „Ihr seid kuriose Gesellen. Ist's nicht genug, wenn zwei zu Fuß gehen? Geht's nicht leichter, wenn einer von euch reitet?“ Da band der Vater dem Esel die vorderen Beine zusammen, und der Sohn band ihm die hinteren Beine zusammen, zogen einen starken Baumpfahl durch, der an der Straße stand, und trugen den Esel auf der Achsel heim. So weit kann's kommen, wenn man es allen Leuten will recht machen.

10. Ein Gedicht, das Rebellion gegen ungelebtes, sinnloses Leben zu entfachen helfen kann, hat E. Fried[18] geschrieben:

Kleines Beispiel
Auch ungelebtes Leben
geht zu Ende
zwar vielleicht langsamer
wie eine Batterie
in einer Taschenlampe
die keiner benutzt

Aber das hilft nicht viel:
Wenn man
(sagen wir einmal)
diese Taschenlampe
nach so- und sovielen Jahren
anknipsen will
kommt kein Atemzug Licht mehr heraus
und wenn du sie aufmachst
findest du nur deine Knochen
und falls du Pech hast
auch diese
schon ganz zerfressen

Da hättest du
genau so gut
leuchten können

11. Daß Bedrängnisse die „Trotzmacht des Geistes" (Frankl) auf den Plan rufen können, schildert das folgende, von Franz Gypkens[19] erzählte afrikanische Märchen:

Durch eine Oase ging ein finsterer Mann, Ben Sadok. Er war so gewalttätig in seinem Charakter, daß er nichts Gesundes und Schönes sehen konnte, ohne es zu verderben. Am Rande der Oase stand ein junger Palmenbaum im besten Wachstum. Der stach dem finsteren Araber in die Augen. Da nahm er ei-

nen schweren Stein und legte ihn der jungen Palme mitten in die Krone. Mit einem bösen Lachen ging er weiter.

Die junge Palme schüttelte sich und bog sich und versuchte, die Last abzuschütteln. Vergebens. Zu fest saß der Stein in der Krone.

Da krallte sich der junge Baum tiefer in den Boden und stemmte sich gegen die steinerne Last. Er senkte seine Wurzeln so tief, daß sie die verborgene Wasserader der Oase erreichten, und stemmte den Stein so hoch, daß die Krone über jeden Schatten hinausreichte. Wasser aus der Tiefe und Sonnenglut aus der Höhe machten eine königliche Palme aus dem jungen Baum.

Nach Jahren kam Ben Sadok wieder, um sich an dem Krüppelbaum zu freuen, den er verdorben. Er suchte vergebens. Da senkte die stolzeste Palme ihr Krone, zeigte den Stein und sagte: „Ben Sadok, ich muß dir danken, deine Last hat mich stark gemacht."

12. Der Logotherapie ist nicht primär an der Auf-dekkung der Motive eines Menschen, sondern vor allem an der Ent-deckung seiner Möglichkeiten gelegen. Deshalb ist sie darum bemüht, seine „Perlen im Staube" (Thielicke) zum Vor-Schein bringen zu helfen. Unser letzter Text [20] kann das zum Ausdruck bringen:

Das Modell

„Das ist heute euer Modell", sagte der Zeichenprofessor, „etwa eine Vase, ein Apfel und dieser Laib Brot. Ich gruppiere sie so ... sehr gut ... nun verdunkle ich das eine Fenster ... bitte, ziehen Sie doch den anderen Vorhang etwas beiseite ... das wird gehen ... gut. Sie sehen, meine Damen und Herren, wir müssen unser Modell immer im besten Licht sehen. Das ist ein Grundsatz der Zeichenkunst und ein Grundsatz im Leben überhaupt: bevor wir eine Person beurteilen, müssen wir sie zuerst ins beste Licht rücken. Das verborgene Gute kann dann ans Licht kommen ... Und jetzt wollen wir beginnen."

IX. Einschätzungen des Leben-lernen-Seminars durch die Teilnehmer

Die Teilnehmer des diesjährigen Seminars gaben auf die Frage: „Was bringt mir das Leben-lernen-Seminar?“ folgende Antworten (Auswahl):

- Es bringt Bewegung in mein Leben, denn es hilft mir, Zusammenhänge des Lebens zu erkennen.
- Es hilft mir, Fähigkeiten bei mir und anderen zu entdekken und zu verstärken, mich den Fragen des Lebens zu stellen und nach Antworten zu suchen.
- Es läßt mich aufmerksam werden, wenn mein Ja zum Leben ein „Jein“ zu werden droht.
- Ich habe gelernt, daß Menschen mir etwas geben, aber auch von mir nehmen können.
- Ich habe selten erfahren, daß Menschen sich so frei und offen mit ihren Problemen begegnen.
- Es hat mich angespornt, geistig zu arbeiten.
- Dinge, die ich gehört habe, kann ich ausprobieren, anwenden.
- Viele Ängste habe ich abgelegt.
- Das Leben-lernen-Seminar ermöglicht mir einen Einblick in die Vielschichtigkeit menschlichen Daseins.
- Wie schwerwiegend die (von den Teilnehmern dargestellte eigene) Problematik auch sei – nie werden Verletzungen der Person (in der Gruppe) zugelassen, und dennoch wird dem Problem nicht ausgewichen.
- Ich habe gelernt, ja zum Leben sagen zu können.
- Es ist befreiend und heilend zu erkennen, daß der Mensch unverwechselbar, nicht austauschbar und unabhängig ist von sozialem Status, Besitz, Partnerschaft und Öffentlichkeit.
- Liebe, Glaube, Hoffnung – wenn diese Fragen sterben, dann stirbt auch die Welt. Das habe ich begriffen.
- Ich freue mich, daß ich fragen darf.
- In diesem Kreis teilen Menschen meine Ängste und Sorgen, aber auch meine Freuden.

- Ich muß nicht funktionieren, sondern darf und kann Mensch sein.
- Leben geht! – trotz oder gerade wegen meiner Sorgen.
- Das Seminar hilft mir, die wesentlichen, viel größeren und wichtigeren Zusammenhänge meines Lebens nicht aus den Augen zu verlieren.
- Ich werde an meinem zentralen Lebensnerv getroffen, wenn die Frage aufkommt: Was trägt mein Leben?
- Das Seminar hilft mir, die ganze pseudo-intellektuelle, rationale Distanz zum Leben plötzlich erschüttert zu sehen, weil ich in diesen Gesprächen über urmenschliche Anliegen in meinen Fragen und Ängsten als ganzer Mensch betroffen und angesprochen werde.
- Ich lerne, besser auf andere Menschen zu sehen, sie stärker wahrzunehmen.
- Ich lerne, offen zu sein, Vertrauen haben zu können, meine Probleme nicht verstecken zu müssen.
- Es wird ernst und wichtig genommen, was ich sage, und genauso nehme ich andere wichtig.
- Es herrscht eine Atmosphäre von Offenheit und Spontaneität.
- Die positiven und ermutigenden Gedanken helfen mir, mit den Situationen meines Alltags besser umgehen zu können.
- Ich habe mich verändert.
- Ich habe ein besseres Selbstverständnis und ein größeres Selbstbewußtsein gewonnen.
- Meine Veränderung ist eine lebendige Sache.
- Unter uns ist ein warmes, anteilnehmendes Miteinander entstanden.
- Das Seminar bringt tatsächliche Veränderungen.
- Ein in immer neuen Schattierungen auftauchender Grundgedanke ist, daß ich die Freiheit habe, ja oder nein zu den Einflüssen sagen zu können, die mich geprägt haben, ja, daß ich geradezu die Pflicht habe, bewußt Stellung zu beziehen, daß ich Selbstverantwortung für mein Leben habe.

- Das Leben-lernen-Seminar ist für mich keine Selbsterfahrungsgruppe und keine Therapiegruppe, sondern ein Seminar, in dem ich lerne, mich auf die Grundlagen für ein gelingendes Leben zu besinnen und über konkrete Umsetzungsmöglichkeiten nachzusinnen.
- Dieses Seminar ist eine „Präventivmaßnahme", die mir hilft, gar nicht erst in ein neurotisches Leben hineinzugeraten.

Anmerkungen

1 Viktor E. Frankl, Der leidende Mensch, Anthropologische Grundlagen der Psychotherapie, Bern 1984, S. 28.
2 Hartmut Sierig, Über den garstigen Graben, Hamburg 1967, S. 32.
3 Ebd.
4 Vgl. Frankl, Grundriß der Existenzanalyse und Logotherapie, in: Grundzüge der Neurosenlehre in 2 Bänden, Bd. 2. S. 666 (Nachdruck aus: Handbuch der Neurosenlehre und Psychotherapie. Hrsg.: V. E. Frankl, V. E. v. Gebsattel, J. H. Schultz, München/Berlin 1959).
5 Ebd., S. 668.
6 Nossrat Peseschkian, Positive Psychotherapie, Frankfurt a. M. 1985, S. 201.
7 Ebd.
8 Frankl, Grundriß der Existenzanalyse, S. 669.
9 James Eggrey, Der Adler, der nicht fliegen wollte, Hamm 1985 (ein Bilderbuch).
10 Kahlil Gibran, Der Prophet, Olten [19]1986, S. 42f.
11 Michael Ende, Momo, Stuttgart 1973, S. 36f.
12 Alexander Solschenizin, Entnommen aus: O. Kettenberger (Hrsg.): Laßt uns das Leben wieder leise lernen, Wuppertal-Barmen 1978[11], S. 11.
13 Margot Bickel, Wage zu träumen, Freiburg i. Br. 1982 (ohne Seitenangabe).
14 Wolfgang Poeplau (Conrad Contzen), Geh durch das Tor zum Leben, Freiburg i. Br. 1983, S. 4.
15 Willy Kramp, Vom aufmerksamen Leben, Hamburg 1958, S. 22–23.
16 Erich Fried, Lebensschatten. Gedichte, Berlin 1981, S. 57.
17 Johann Peter Hebel, Seltsamer Spazierritt, in: Graf, L., Kabitz, V., Lienhard, M., Pertsch, R. (Hrsg.): Die Blumen des Blinden. Kurze Geschichten zum Nachdenken, München 1983, S. 31–32.
18 Erich Fried, Kleines Beispiel, in: Das Nahe suchen, Berlin 1982, S. 9.
19 Franz Gypkens, Afrikanisches Märchen, in: Die Blumen des Blinden, S. 63–64.
20 H. L. Gee, Das Modell, in: Die Blumen des Blinden, S. 90–91.

Anstöße zum „Sokratischen Dialog“

Die folgenden Gedankenanstöße sind im Laufe der letzten Jahre in den Lehrveranstaltungen und der praktischen Arbeit des Hamburger Instituts für Integrative Logotherapie als Hilfen für die therapeutische und beraterische Arbeit, unter anderem von meinem Mitarbeiter Harald Kruse, erprobt und gesammelt worden.

Daß sie Gewinn bringen können, wird am ehesten derjenige erfahren, der dem einen oder anderen Gedanken nachgeht; aus diesem Grunde sind die Anstöße auch im Ich-Stil gehalten.

Wegen der Lebendigkeit der Darstellung habe ich auf eine Gliederung der Gedanken nach spezifisch anthropologischen Gesichtspunkten verzichtet.

- Zuletzt richtig gefreut habe ich mich …
- Mein ganzes Leben lang wollte ich …
- Etwas, was ich nicht beweisen kann, was ich aber wirklich glaube …
- Was ich wirklich zum Leben brauche, ist …
- Unverzichtbar in meinem Leben ist …
- Etwas, was ich mir lange nicht eingestanden habe, ist …
- Wenn ich mehr Zeit hätte, würde ich …
- Mein größter Wunschtraum ist …
- Leben heißt für mich …
- Der Tod ist für mich …
- Wirklich hingeben kann ich mich …
- Ich möchte immer wieder …
- Wenn ich verantwortlich zu entscheiden habe, merke ich …

- Ich bin ein Mensch, der …
- Etwas, worauf ich stolz bin, ist …
- Wenn ich die Meinung anderer nicht so wichtig nähme, würde ich …
- Wenn ich nicht solche Angst hätte, würde ich …
- Das Wichtigste, das ich meiner Partnerin (meinem Partner) geben kann, ist …
- Das Schwierige daran, erwachsen zu werden, ist …
- Das Schöne daran, erwachsen zu werden, ist …
- Eine Möglichkeit, wie ich mir selbst helfen könnte, die ich aber nicht wahrnehme, wäre …
- Wenn ich morgen sterben würde, würden Freunde sagen: Das, was uns am meisten von ihr/ihm fehlt, ist …
- Ich wünschte, daß auf meinem Grabstein stehen würde …
- Am besten ist es mir ergangen, als ich …
- Richtig gefreut habe ich mich über mich, als ich …
- Mein größtes Versäumnis ist …
- Das größte Geschenk für mich war, als …
- Eine wirkliche Berufsalternative für mich wäre … Eine mich herausfordernde Aufgabe wäre …
- Mir wird warm ums Herz bei …
- Im Mittelpunkt meines Lebens steht …
- Zu wichtig in meinem Leben ist …
- Eine wichtige Frage, auf die ich noch keine Antwort gefunden habe, ist …
- Was mich trägt, ist …
- Mir gelingt manchmal …
- Nicht missen möchte ich …
- Es stimmt mich fröhlich, wenn …
- Eine gewisse Begabung habe ich darin …
- Ganz verrückt fände ich, wenn ich …
- Als besonders wohltuend erlebe ich …
- Genießen kann ich, wenn ich …
- Wenn ich drei Wünsche frei hätte …
- Mut macht mir …
- Ich fühle mich lebendig, wenn ich …

- Es gibt für mich nichts Schöneres als …
- Ich traue mich aus meinem Schneckenhaus heraus, wenn ich …
- Das schönste Erlebnis der letzten Zeit (der letzten 24 Stunden) …
- Mein Tag beginnt gut, wenn ich …
- Nichts Schöneres als zu träumen von …
- Leider kann ich nicht darauf verzichten …

- Ein Mensch, den ich schon längere Zeit bewundere …
- Ich bin ein Stück darin weitergekommen, daß ich …
- Mir ist klarer geworden …
- Ich habe Erfahrungen gesammelt …
- Ich kann mich bei mir selbst darauf verlassen …
- Ich bin dankbar für …
- Hoffnung macht mir …
- Angenehm an meinem Chef finde ich …
- Ich setze mich ein für …
- Ich bin neugierig auf …
- Ich glaube ganz fest daran, daß …
- Freundschaften genieße ich, wenn …
- Ich bin so richtig aufgetaut, als …
- Ich brauche täglich etwas Zeit für …
- Es bewegt mich, wenn …
- Ich hätte den Augenblick festhalten mögen, in dem …
- Ich ahne, was Glück ist, wenn …
- Ich bin zufrieden, wenn …
- Mich selbst vergessen kann ich, wenn …
- Begeistern kann ich mich für …
- Ich mag an meinem Leben …
- Mein alter Traum wurde tatsächlich wahr, als …
- Anerkannt fühle ich mich, wenn …
- Ich traue mir zu, daß …
- Kraft fühle ich, wenn …
- Ich erinnere mich gern an …
- Ich atme tief auf, wenn …
- Ich habe Sehnsucht nach …

- Eigentlich sollte ich mal wieder ...
- Es geht mir besser, wenn ...
- Ein Streit, der mit Versöhnung endete ...
- Bilder, Musik, die ich mag ...
- Ich würde gern noch einmal fahren nach ...
- Wenn ich so wäre wie ...
- Uneindeutigkeiten in meiner Vergangenheit/Gegenwart ...
- Ich bin zu oft in meinem Leben ausgewichen ...
- Ich übertreibe mit meinen Worten – positiv/negativ ...
- Ich bejahe das Leben ...
- Ich bejahe mein Leben ...
- Ich verneine das Leben ...
- Ich verneine mein Leben ...
- Fehler, die heute vermeidbar gewesen wären ...
- Ich habe mich zu oft als „graue Maus" gefühlt ...
- Ich habe zuviel Selbstmitleid ...
- Ich muß nicht so negativ von mir denken ...
- Meine Eltern sind nicht an allem Schuld ...
- Ich bin nicht nur das Produkt meiner Umwelt ...
- Ich muß nicht immer nachgeben ...
- Einmal etwas Unvernünftiges tun ...
- Los-lassen möchte ich ...
- Ich will mich fortan darin ernst nehmen ...
- Es gibt in mir negative Gedanken, die ich ständig zulasse ...
- Manchmal habe ich selbst entschieden ...
- Ich will erwachsen werden, weil ...
- Ich will leben, weil ...
- Meine verborgenen, aber nicht vergessenen Wünsche ...
- Ich habe zu häufig Rollen gespielt ...
- Die anderen sind viel wichtiger als ich ...
- Ich fliehe vor ...
- Ich habe Lust am Frust ...
- Leben ist so wertlos nicht ...
- Ich bin so wertlos nicht ...
- Ich hatte immer schon vor ...

- Einige meiner Ängste könnte ich – mit ein wenig Courage – bald überwinden …
- In manchen Situationen belüge ich mich selbst …
- Manches gestehe ich mir ungern ein …
- Ich sehe meine Grenzen …
- Da ist alter Groll, den ich einmal loswerden möchte …
- Von einigen nicht mehr erfüllbaren Erwartungen habe ich noch nicht Abschied genommen …
- Ich denke von Menschen so schlecht …
- Ich habe Angst vor der Freiheit …
- Ich hänge mein Herz an …
- Ich habe Beziehungen vernachlässigt …
- Das Wichtigste in meinem Leben ist …
- Die Kraft, aus der ich lebe, …
- Ich will mich wirklich verändern …
- Ich lasse mich durch meinen Partner er-gänzen …
- Ich sehe die Zäune der Wiese, nicht aber die Wiese selbst …
- Mir fehlt zu einem zufriedenen Leben …
- Ich muß nicht alles sinnvoll finden …
- Ich habe viele gute Dinge meiner Vergangenheit verdrängt …
- Ich habe die Ahnung von mir selbst …
- Ich habe in meinem Leben zu wenige Fragen gestellt …
- Ich sehe zuwenig ins Leben hinein …
- Ich lasse das Weiche in mir nicht zu …
- Manche Fesseln bräuchte ich nicht zu dulden …
- Ohne Sorgen kann ich wohl nicht leben …
- Vom Rand des Lebens aus betrachtet, erscheint mir mein Dasein heute …
- Ich sehe auf das, was mich ängstigt, nicht auf das, was mich retten könnte …
- Ich entwickle zuwenig Trotz gegen mein elendes Leben …
- Ich stehe zu mir selbst …
- Meine bisherigen Leit-Sätze sind mir zu Leid-Sätzen geworden …

- Eine Form der Verantwortung habe ich bislang nicht übernommen: die für mich selbst ...
- Ich lasse nicht mehr zu, daß ich so über mich denke ...
- Ich beziehe meine Sicherheit zu sehr aus meinem Beruf ...
- Mein Beruf ist nicht alles im Leben ...
- Ich hab' schon etwas damit zu tun, daß mein Partner sich so verändert hat, wie ich es nicht wollte ...
- Ich muß meine Wünsche zu Magneten machen ...
- Es bedeutet so wenig nicht, daß ich trotz meines bisherigen Lebens nicht verbittert bin ...
- Ich habe Lust, Neues im Leben zu entdecken ...
- Ich sehe meine Veränderungen ...
- Sinn in meinem Leben ...

Logotherapeutische Beratung in der Presse

Seit etwa zwölf Jahren schreibe ich im Wochenend-Journal des „Hamburger Abendblattes" in einer Gutachterkolumne Antworten zu Lebensfragen, die Leser ihrer Zeitung schreiben. Es handelt sich dabei um Menschen, die nicht selten viele Male vergeblich versucht haben, sich helfen zu lassen.

Der Auftrag der Zeitung an die Gutachter ist klar formuliert: Dem Leser soll – in verständlicher Sprache – das jeweilige Problem in seinen Grundzügen transparent und es sollen ihm therapeutische oder beraterische Ansätze gezeigt werden. Auf diese Weise kann dem aus seiner Not heraus schreibenden Leser unter Umständen ein neuer Anstoß zur Lösung seiner Schwierigkeiten gegeben und der an Lebensfragen interessierten Leserschaft, die sich aus allen Gesellschaftsgruppen rekrutiert, vertiefte Einsicht in menschliche Konflikte und deren mögliche Überwindung vermittelt werden. Darüber hinaus sind für nicht wenige Menschen – das zeigen die Reaktionen der Leser – die Artikel ganz allgemein eine Lebenshilfe und wirken deshalb prophylaktisch, beugen also Störungen vor.

Der von der Zeitung vorgegebene enge räumliche Rahmen der Artikel bringt Schwierigkeiten und Möglichkeiten mit sich: Die Schwierigkeiten bestehen darin, daß die Probleme und Lösungsversuche nur in ihren Grundzügen angedeutet werden können, die Möglichkeiten liegen in der notwendigen Konzentrierung auf das Wesentliche und Wichtige.

Niemals kann eine Zeitungskolumne Therapie oder Beratung ersetzen, eine solche Kolumne kann jedoch Menschen dazu ermutigen, sich noch einmal – vielleicht ein letztes Mal – auf die mögliche Erfahrung einzulassen, daß „Menschsein heißt, sich verändern zu können" (Frankl).

Ich belasse die Artikel in der Form, in der sie im „Hamburger Abendblatt" abgedruckt wurden. Die Überschriften wurden von der Zeitung ausgesucht.

Unerwünscht, ungeliebt, gedemütigt

Walter S. (54 Jahre alt) schreibt: „Meine jetzt 46 Jahre alte Frau wurde als unerwünschte, ungeliebte Tochter geboren. Sie kann sich an keine Zärtlichkeit erinnern. Sie wurde geschlagen, mit Nichtachtung gestraft und in jeder Weise gedemütigt.

Nach der Lehre verließ sie das Elternhaus, doch der Terror von dort aus ging weiter. Meine Frau erkrankte schwer, ihre Ehe mißglückte. Sie kam in eine Nervenheilanstalt, in die geschlossene Abteilung. Ihre beiden Töchter kamen ins Heim, wo sich bald schwere Verhaltensstörungen einstellten. Nach fast einem Jahr – meine Frau war inzwischen aus der Krankenkasse ausgesteuert worden – wurde sie in ambulante Behandlung entlassen. Sie stand vor dem Nichts. Vom Sozialamt erhielt sie täglich 3,47 Mark Verpflegungsgeld und 34,– Mark Heizungsgeld. Damals vegetierte sie in einer feuchten Kellerwohnung.

Bei einem Arztbesuch lernte ich sie kennen. Ich lernte diese Frau lieben und heiratete sie ein Jahr später. Von ihren vermögenden Angehörigen wurde ich deshalb zum Trottel gestempelt, verlacht und verhöhnt. Die folgende Zeit war für meine Frau, ihre Töchter und mich sehr schwierig. Meine Frau glaubte, sich an ihren völlig verstörten Kindern versündigt zu haben. Eine Tochter machte einen Selbstmordversuch. Die Demütigungen der Familie begannen erneut.

Meine Frau versuchte sich wieder im Berufsleben, doch die Rentenversicherungsanstalt schickte sie wegen ihrer

Depressionen, Diabetis und von schwerer körperlicher Kinderarbeit verursachter Deformation der Halswirbelsäule ohne Rehabilitationsmaßnahmen in Rente.

Ich habe nun aus jahrelanger Erfahrung und Beobachtung heraus wieder den Eindruck, daß meine Frau sich in großer Gefahr befindet. Sie ist ein gradliniger, hilfsbereiter und sensibler Mensch mit ausgeprägtem Gerechtigkeitssinn und paradoxerweise trotz allem humorvoll. Oft sagt sie, daß sie offenbar geboren wurde, ohne richtig leben zu dürfen. Mich bewegt seit langem die Frage: Wissen Sie etwas, das ihr helfen könnte, was sie endlich in Ruhe leben läßt, was ihr das Leben erträglicher macht? Das Geschilderte ist nur ein Extrakt. Die Details sind derart erschütternd, daß ich sie gar nicht schildern mag. Für einen Rat wäre ich sehr dankbar, denn auch ich muß sehr stark sein."

Die Antwort:
Obwohl ich nicht selten Lebensgeschichten dieser Art höre, erschüttern sie mich immer wieder. Worin nur liegt der Sinn eines so schweren Lebens, wie es zum Beispiel Ihre Frau erleidet? Warum nur quälen Menschen andere Menschen und sogar ihnen nahestehende in solch sinnloser Weise, wie Sie es vom Verhalten der Familie Ihrer Frau ihr gegenüber beschreiben? Warum nur aber, frage ich mich auch, lassen Menschen, die von anderen gequält werden, es zu, daß andere ihre Bösartigkeit über viele Jahre hin ihnen gegenüber austoben dürfen? Ich denke, es sind zwei Dinge, Beziehungen dieser Art psychologisch erklären und sie im Grunde verstehen zu können. Die Gründe, warum es Ihrer Frau nicht gelang, sich gegen die Tyrannei ihrer Angehörigen zur Wehr zu setzen und sich zu befreien, liegen, wie ich es Ihrem Brief entnehmen kann, einmal wohl in der Übermacht der Familie und deren extrem lieblosem Verhalten, zum anderen in den phasenhaft auftretenden Depressionen.

Depressionen können Menschen so lähmen, daß sie nicht einmal dazu in der Lage sind, auch nur geringfügige zwischenmenschliche Konflikte für sich zu lösen. Deshalb halte ich es für notwendig, so rasch wie möglich psychiatrische Hilfe in Anspruch zu nehmen. Mit medikamentöser Hilfe könnte wahrscheinlich der seelische Zustand Ihrer Frau zunächst einmal gebessert und dadurch die sich offenbar anbahnende Gefahr, von der Sie sprechen, aufgefangen werden.

Darüber hinaus aber halte ich eine psycho- oder logotherapeutische Aufarbeitung des bisherigen Lebenselends und der daraus entstandenen Schäden für unumgänglich. Eine solche Therapie hätte in enger Zusammenarbeit mit dem behandelnden Psychiater zu geschehen. Und auch ein Internist wäre – wegen des möglichen Einflusses des Diabetes auf den seelischen Zustand Ihrer Frau – in diese gemeinsame Arbeit einzubeziehen.

Wie könnte Ihrer Frau psycho- oder logotherapeutisch geholfen werden? Ich denke, zwei Themen wären vor allem wichtig:

1. Nur dann, wenn ein vom Leben geknechteter Mensch lernt, sich selbst so weit wie möglich und angemessen von dem freizusprechen, was ihm im Leben nicht gelungen ist, wird er in der Lage sein, mehr als bisher für sich einzustehen und selbstverantwortlich zu werden. Das also müßte Ihre Frau zunächst einmal in aller Tiefe begreifen: daß die Bedingungen, unter denen sie ihr Leben führte (schwere seelische und körperliche Krankheiten und extreme Lieblosigkeit seitens ihrer Angehörigen), so ungünstig waren, daß sie beim besten Willen keine stärkere Persönlichkeit, hilfreichere Ehefrau oder „bessere“ Mutter sein konnte. Und wenn sie trotz der Riesensteine, die auf ihre Seele gelegt wurden, sensibel, gradlinig, humorvoll, gerecht und hilfsbereit genannt werden kann, dann hat sie offenbar viel, sehr viel aus ihrem Leben gemacht.

Um jene Tiefe des Verstehens zu ermöglichen, wäre deshalb ein Gang durch das vergangene Leben notwendig, der das Schwere, Bedrängende noch einmal zum Vorschein brächte wie die gelebten Möglichkeiten trotz des Schweren und Bedrängenden.

2. Ein Mensch mit einer bedrückenden Vergangenheit steht vor der Alternative: Entweder verbringe ich mein ganzes Leben damit, mich von dieser Vergangenheit auch heute noch belasten und ihre Repräsentanten noch jetzt – innerlich und äußerlich – über mich bestimmen zu lassen – dann verfehle ich mein ganzes Leben –, oder ich begreife: Ab jetzt nehme ich mein Leben in die eigene Hand, suche meinen eigenen Weg, und dann kann es – trotz bleibender Schwierigkeiten – sinnvoll werden. Darüber wäre lange zu reden.

Schließlich: Sie schreiben: „Auch ich muß sehr stark sein." Ich denke, Sie sind durch Ihre Liebe bisher sehr stark gewesen, und es sieht so aus, als ob sich daran nichts ändern könnte. Ändern könnte sich allerdings der Zustand Ihrer Frau, denn ich glaube, daß die therapeutischen Möglichkeiten nicht ausgeschöpft worden sind.

Ist mein Vater an allem schuld?

Dieter H. (24 Jahre) schreibt: „Ich habe mein Studium an den Nagel gehängt. Ich habe die falschen Studienfächer gewählt, ein Examen schaffe ich darin nicht, und Geld werde ich damit sowieso nicht verdienen können. Ich habe mal wieder – wie schon so oft – versagt. Jetzt jobbe ich hin und wieder, aber ansonsten tue ich nichts. Daß mir nichts, aber auch rein gar nichts gelingt, habe ich meinem autoritären Vater zu verdanken. Immer war er erfolgreich, lebte mir den Erfolg vor und erwartete, solange ich denken kann, einen erfolgreichen Sohn. Können Sie mir einen Therapeuten nennen, der nicht verknöchert ist und mit mir meine Vaterbeziehung aufarbeitet? Vielleicht schaffe ich es dann."

Die Antwort:
Ihnen einen „nicht verknöcherten Therapeuten" zu nennen ist möglich. Aber machen Sie es sich damit nicht zu leicht? Vorher jedoch möchte ich Ihnen einige Gedanken zumuten, die Sie vielleicht ärgern, vielleicht aber auch nachdenk-

lich machen. Also: Wer Glück hat, ist gern bereit, sich selbst seinen Erfolg zuzuschreiben. Wer scheitert, neigt dazu, einen „Sündenbock“ für seinen Mißerfolg zu suchen. Gelingt uns das Leben, glauben wir an unsere Entscheidungsfreiheit. Mißlingt es uns, sind wir willig, uns als „Opfer“ unserer Umstände und Verhältnisse zu sehen. Das war schon immer so.

Natürlich prägen Eltern ihre Kinder, und das in nicht geringem Maße. Auch das biologische Erbe bestimmt uns. Sicher sind auch Land und Leute, in dem und mit denen wir leben, mitverantwortlich dafür, was aus uns wird, und trotzdem sind wir nicht nur das „Produkt unserer Gesellschaft“. So simpel lassen sich Glück und Unglück einer Lebensgeschichte nicht verrechnen. Deshalb bezweifle ich, ob Ihr Versuch, Ihre heutige Not ausschließlich Ihrem Vater anzulasten, gerechtfertigt ist. Erziehung, Veranlagung und Umwelt sind nicht die allein maßgeblichen Bedingungen für das Profil eines Menschen.

Wie kommt es, frage ich Sie, daß wir andere lieben können? Etwa allein dadurch, daß wir zur Liebe „sozialisiert“ und erzogen wären? Wie läßt es sich verstehen, daß Menschen mit schwersten Behinderungen oft genug ja zum Leben sagen? Etwa nur so, daß sie von zu Hause oder durch ihre Umgebung auf Leidensbewältigung dieser Art vorbereitet worden wären? Und was macht schließlich die Würde des Menschen aus? Etwa seine Abhängigkeit von Erziehung, Veranlagung und Umwelt? Wohl kaum. Jeder Mensch verfügt über die Möglichkeit, sich ein Stück weit frei verhalten zu können, das nenne ich Würde – eben das, was den Menschen zum Menschen macht.

Ich wüßte nicht, was Sie und mich mehr ermutigen könnte als die Erfahrung dieser erleb- und erfahrbaren Freiheit. Wir tun uns keinen Gefallen damit, wenn wir weiterhin der vielzitierten These uneingeschränkt glauben, der Mensch sei nichts als ein Spielball innerer und äußerer Mächte.

Wie können Sie diese Freiheit und damit eine Veränderung Ihrer gegenwärtigen Lage erreichen? Erstens: Erlauben Sie es sich nicht mehr, die Gründe und Ursachen für Ihr Scheitern ausschließlich außerhalb Ihrer Person zu suchen. Sie kommen vermutlich aus Ihrem Tief nicht heraus, ja, Sie belasten sich wahrscheinlich noch mehr, wenn Sie nicht anfangen, zu Ihren eigenen Fehlern zu stehen und dafür die Verantwortung zu übernehmen. Wie könnten Sie sonst eine Wiederholung der durch Ihre Fehler entstandenen Schwierigkeiten vermeiden? Zweitens: Um Ihren eigenen Anteil an Ihren Problemen herauszufinden, gibt es kaum eine produktivere Frage als diese: Was zum Beispiel erwarten Sie von anderen, was Sie selbst übernehmen könnten? Wann lassen Sie andere für sich entscheiden, wenn Sie sehr wohl die Möglichkeit hätten, selbst zu bestimmen, was Sie wollen?

Haben Sie Mut, sich auf solche Fragen einzulassen? Wenn Sie nach deren ehrlicher Beantwortung noch immer überzeugt sind, daß Ihr Vater Ihr Leben schicksalhaft bestimmt hat und weiter bestimmt, dann haben Sie in der Tat Anlaß, mit Hilfe eines Therapeuten die Beziehung zu Ihrem Vater zu bearbeiten, und ich werde Ihnen gern eine Adresse nennen.

Wie werde ich mit meiner großen Sehnsucht fertig?

Christine S. (34 Jahre alt) schreibt:

„Ich habe den Mann meiner Liebe verloren. Dieser Mann stand lange Zeit zwischen zwei Frauen, und er hat sich nun für die andere entschieden. Ich hatte an ihn geglaubt und ihm vertraut. Der Schmerz ist grenzenlos, und ich weiß, daß ich noch sehr lange brauchen werde, um darüber hinwegzukommen. Wie aber werde ich mit meiner unbändigen Sehnsucht nach ihm fertig? Ich entbehre diesen Mann mit einer solchen Stärke, daß ich nicht nur psychisch, sondern auch physisch leide. In mir ist eine große Not. Was ist das überhaupt für ein Gefühl – Sehnsucht, und wie kann ich damit leben?“

Die Antwort:
Sie sind verzweifelt, weil Sie nicht nur Sehnsucht haben, sondern sich vor Sehnsucht verzehren. Sie verzehren „sich“ – das heißt: Sie werden immer „weniger“, haben immer weniger von sich, Sie lösen sich auf, kennen sich kaum wieder.

Wer sich in Sehnsucht verzehrt, kreist immer mehr und fast ausschließlich um das, was er nicht oder nicht mehr hat. So sehen auch Sie nur noch auf den einen Menschen. Mit ihm möchten Sie eins sein, und er scheint Ihnen der einzige Grund zum Leben sein zu können. Ob er in Wirklichkeit der einzige ist?

Liebessehnsucht, die einen Menschen in große Not bringt, hat zur Voraussetzung, daß der Sehnsüchtige sich mit dem, wonach er sich sehnt, identifiziert hat. Was das heißt? Der geliebte Mensch ist für den Liebenden mindestens ebenso wichtig, wie er sich selbst wichtig nimmt. Sein Denken, Fühlen und Handeln stimmt sich ein auf das Denken, Fühlen und Handeln des anderen. Die Grenze zum anderen löst sich auf. Der Sehnsüchtige verliert das Gefühl für seine eigene unverwechselbare Art zu sein und zu leben, er verliert seinen Eigen-Sinn.

Liebessehnsucht, die einen Menschen in große Not bringt, ist darüber hinaus Idealisierung des anderen – trotz seiner erkennbaren und erkannten „Fehler“. Die menschliche Einbildungskraft kann Vorstellungen von anderen entwickeln, die der Wirklichkeit nur teilweise oder kaum entsprechen. Das führt zur Bewunderung, Verehrung und manchmal sogar zur Anbetung des geliebten Menschen. Je größer der andere in der Vorstellung des Sehnsüchtigen wird, desto kleiner fühlt dieser sich selbst und meint, ohne seine große Liebe nicht mehr leben zu können. Und dieses Gefühl bestimmt den ganzen Menschen – in Leib, Seele und Geist. Er ist abhängig, süchtig geworden.

Kann es sein, daß der eine oder andere dieser Gedanken auch auf Sie zutreffen könnte? Kann es sein, daß sich auch

Ihr Blick für Ihre eigene Person und für die Wirklichkeit, in der Sie leben, sehr verengt hat? Sehen Sie in der Tat keine Möglichkeit mehr, ohne ihn weiter-, gut weiterleben zu können? Nein, ich verkenne nicht Ihren Schmerz und auch nicht, daß es so schwer ist, über den Rand der Verzweiflung hinauszusehen. Es muß auch sein, daß Sie Ihre Trauer und Not aussprechen, ausklagen, ausweinen. Dann aber werden diese Gefühle nachlassen – nicht morgen bereits, vielleicht auch nicht so bald, wie Sie sich's erhoffen. Der Tiefe einer Liebe entspricht eben die Tiefe einer Trauer über den Verlust des geliebten Menschen. Kann das anders sein?

Ich glaube aber, daß Sie die Dauer und Tiefe Ihres Leidens auch dadurch verringern könnten, daß Sie ein wenig mehr als bisher Ausschau nach solchen Menschen, Dingen und Ereignissen hielten, die für Sie einmal Geltung hatten oder haben könnten. Jeder Blick auf anderes, das nicht mit Ihrem Schmerz zu tun hat, kann Sie – Schritt um Schritt – aus jener Zone herauslösen, in der kein Mensch auf Dauer leben kann – und muß: aus der Zone der Sehnsucht nach Unwiederbringlichem. Und schließlich: Alles, was einmal groß in unserem Leben war – vor allem die Liebe – hinterläßt in uns Spuren, die zu den großen Eindrücken unseres Lebens gehören können und uns in besonderer Weise prägen. Ob Sie sich offenhalten werden für diese Möglichkeit?

Nacht für Nacht quälen mich Todesängste

Barbara M. (39 Jahre alt) schreibt: „Ich weiß nicht, ob ich von Ihnen Hilfe erwarten darf, aber ich hoffe so sehr darauf. Seit mehreren Jahren leide ich unter schweren Angstzuständen, die mich besonders nachts plagen. Ich schrecke dann aus dem Schlaf hoch und glaube, sterben zu müssen. Von meiner Ärztin habe ich nur Beruhigungstabletten verschrieben bekommen. Diese helfen eine Zeitlang, dann kommen diese entsetzlichen Ängste wieder. Ich bin dann in einer schlimmen Verfassung.

Seit ein paar Wochen kommen jetzt noch Todesträume dazu. Meine Ängste werden immer größer, abends mag ich schon gar nicht mehr ins Bett gehen. Mein Mann möchte mir gern helfen, kann aber nichts für mich tun und leidet selbst sehr darunter, genauso wie meine beiden Kinder (acht und zwölf). Ich bin so sehr am Ende. Haben Sie irgendeinen Rat für mich?"

Die Antwort:
Ängste können verschiedenste Ursachen und unterschiedliche Gründe haben. Manche durchschauen wir mühelos, andere nicht. Angst bei unmittelbarer Existenzbedrohung zum Beispiel liegt jedem Menschen nahe, sogenannte neurotische oder psychotische Ängste geben uns Rätsel auf, die zu erklären oder gar zu überwinden in aller Regel nicht ohne fremde Hilfe möglich ist.

Überwertige, krankhafte Ängste können im körperlichen, im seelischen und auch im geistigen Bereich ihre Wurzeln haben, auswirken jedoch werden sie sich immer auf den ganzen Menschen. Manche entwickeln sich in der jüngeren, andere in der älteren Vergangenheit. Manche kristallisieren sich in der Furcht vor konkreten Dingen, zum Beispiel vor Plätzen oder Spinnen, andere äußern sich in schwer zu konkretisierenden Lebens- und Todesängsten.

Überwertige, krankhafte Ängste sind – und deshalb ist ihnen nicht über Vernunft beizukommen – irrationaler, das heißt einer Situation nicht angemessener Art. Der leidende Mensch weiß in aller Regel sehr wohl, daß er sich – eigentlich – nicht zu fürchten oder zu ängstigen bräuchte, dennoch ist er nicht imstande, sich von seinen peinigenden Gedanken zu befreien. Er versteht sich selbst nicht mehr und wird nicht selten – und das ist seine zusätzliche Belastung – auch noch von seiner Umgebung mißverstanden und als lästig empfunden.

Welche Wohltat deshalb für unsere Leserin, daß ihr

Mann offenbar viel Verstehensbereitschaft für seine Frau aufbringt! Deshalb braucht sie nicht – wie viele von Ängsten gequälte Menschen – einen „Zweifrontenkrieg" zu führen – nach innen und nach außen. Vor allem: Wer als angstkranker Mensch unter dem Druck steht, sich nicht frei über seine Ängste äußern zu können und sie so rasch wie möglich meint überwinden zu müssen, verstärkt in sich die Angsterwartung, jenes Gefühl, das die Symptome geradezu hervorlockt und verstärkt.

Unsere Leserin hat Todesängste, und wie tief sie reichen, zeigen die seit einiger Zeit ihr bewußt gewordenen Todesträume. Was kann ich ihr raten? Wenig, weil ich nicht weiß, wer sie ist und wie sie lebt.

War das ein lebensbedrohendes Ereignis, das sie nicht hinreichend verarbeitet hat? Drängen vielleicht längst vergessene, schreckliche Bilder alter Zeiten wieder ins Bewußtsein, weil Bilder der jüngeren Zeit sie daran erinnerten? Sind die „Todesängste" vielleicht Lebensängste? Und wenn das so wäre – in welchen Lebensbereichen wäre da zu suchen? Möglicherweise aber ist die Leserin auch umgetrieben von der Angst, das bisherige Leben nicht sinnvoll genug gelebt zu haben. Angst also als Ausdruck dafür, die gegebenen Lebens-Möglichkeiten nur unzureichend genutzt zu haben.

Vielleicht aber haben die Todesängste ihre eigentliche Ursache weder im Seelischen noch im Geistigen, sondern im Körperlichen, ohne daß diese Ursache fühlbar oder erkennbar wäre. Weil Ängste jedoch im Seelischen sich äußern, liegt die Vermutung so nahe nicht, im Organischen die Quelle der Störungen suchen zu müssen.

Wesentliche Aufschlüsse über Wesen und Herkommen der Todesängste erwarte ich von Berichten über die Träume, die ein wichtiges Informations- und Kontrollorgan des Menschen sind und uns leiten auf der Suche nach dem, was uns fehlt und was wir brauchen.

Was also kann der Leserin geraten werden? Ich würde ihr empfehlen, zunächst einmal einen Psycho- oder Logotherapeuten aufzusuchen, der herauszufinden hätte, ob die Ängste körperlich, seelisch oder geistig begründet sind. Vorstellbar wäre, daß der Therapeut sie entweder allein oder in Zusammenarbeit mit einem Internisten oder Psychiater betreut. Auf welche Weise dann der Leserin geholfen würde, wäre davon abhängig, in welchem Bereich die Ängste ihre Wurzeln haben. Eine Zusammenarbeit verschiedener Fachdisziplinen empfiehlt sich auch deshalb, weil Angst immer den ganzen Menschen betrifft.

Ob der Frau geholfen werden kann? Das glaube ich. Weil Angst das geheime Thema der leidenden Menschen unserer Zeit ist, das in Psychotherapie und Psychiatrie offen zutage tritt, ist wohl in keinem Sektor unserer Arbeit so intensiv über Hilfen nachgedacht worden. Nicht Angst, sondern Freiheit kennzeichnen im Grunde das Wesen des Menschen, und deshalb wird jede ernsthafte Therapie darauf aus sein, die Freiheit dem leidenden Menschen so attraktiv wie möglich zu machen.

Verlorene Jahre?

Gerhard B. (50 Jahre), alleinstehend, schreibt:

„Sehr spät habe ich begriffen, daß ich viel mehr aus meinem Leben hätte machen müssen, beruflich und privat. Ich habe mich nicht genügend aufgebaut. Wenn ich sehe, was aus einigen meiner Schulkameraden geworden ist, beschleicht mich Bitterkeit. Jetzt, da ich sehr bewußt lebe und es mir eigentlich gutgeht, kommt mir immer wieder die Frage in den Sinn, wie ich nur mit den vielen verlorenen Lebensjahren fertig werden soll.“

Die Antwort:

Kaum ein Mensch kann, wenn er ehrlich ist, von sich behaupten, er habe das, was er sich einmal vorgenommen hatte, erreicht. Wir bleiben wohl alle hinter dem zurück, was wir wollen und wünschen; darin gleicht ein Mensch dem anderen. Unterschiedlich ist nur das Maß – und auch der Mut, mit dem wir unser bisheriges Leben betrachten und beurteilen.

Wahrscheinlich hätten Sie die Zeit, die Sie Ihre „verlorenen Jahre“ nennen, anders füllen können. Vielleicht hätten Sie heute einen anderen Beruf, vielleicht eine eigene Familie haben können. Ob Sie dann heute glücklicher wären, ob Sie Ihr Leben dann mehr bejahen könnten? Das, was wir haben, entscheidet ja noch nicht über das, was wir sind und wie wir uns fühlen.

Sie hätten sich in der Vergangenheit mehr „aufbauen“, mehr aus sich „machen müssen“, schreiben Sie. Mag sein. Vielleicht aber hätten Sie dann manche Eigenschaft nicht entwickeln können, die man heute an Ihnen mag, zum Beispiel: Behutsam über den Menschen zu urteilen, der scheitert, dem anderen nicht Angst, sondern Vertrauen einflößen u.a.

Sie merken, daß ich spekuliere. Nicht weniger spekulativ ist es allerdings auch, wenn wir Zeiten der Vergangenheit „verlorene Jahre“ nennen. Warum?

Die Beschreibung einer Lebensgeschichte, hat ein bekannter katholischer Theologe (Joseph Wittig) gesagt, dürfe eigentlich nicht bei der Geburt, sie müsse vielmehr beim Tode beginnen, weil das Ganze eines Lebens, das heißt seine sinnvollen ebenso wie die vermeintlich sinn-leeren Zeiten nur vom Ende her sichtbar werden. Solange wir in unser eigenes – und in fremdes – Leben eingebunden sind, solange wir keinen Abstand zur Geschichte und zum Geschick unseres Lebens haben, kann das Urteil über unser gegenwärtiges und vergangenes Leben letztlich nur vor-läufig, nicht aber end-gültig sein. Worauf will ich hinaus?

Wichtiger als die Spekulation über den Grund und die möglichen Folgen der von Ihnen offenbar nicht als befriedigend erlebten Jahre scheint mir dieses zu sein: Sie, Herr B., sind empfindsam geworden – vielleicht gerade durch die „verlorenen Jahre“ – für die Tatsache, daß die Qualität unseres Lebens von der Qualität abhängt, mit der wir unsere Zeit füllen. Das bedeutet: Heute können wir verhindern, daß wir Zeit „verlieren“. Heute haben wir Gelegenheit, „da“ zu sein, die Zeit auszukosten. Und heute können wir dafür sorgen, daß wir später einmal mit einiger Gelassenheit auf diese Tage zurückblicken können.

Sinn-voll heilen

Viktor E. Frankl
Das Leiden am sinnlosen Leben
Psychotherapie für heute
Band 615, 128 Seiten, 10. Auflage

Viktor E. Frankl
Psychotherapie für den Laien
Rundfunkvorträge über Seelenheilkunde
Band 387, 176 Seiten, 12. Auflage

Sinn-voll heilen
Viktor E. Frankls Logotherapie –
Seelenheilkunde auf neuen Wegen
Vorwort von Irmgard Karwatzki
Band 1156, 160 Seiten

Elisabeth Lukas
Rat in ratloser Zeit
Anwendungs- und Grenzgebiete der
Logotherapie
Band 1521, 304 Seiten

Elisabeth Lukas
Psychologische Vorsorge
Krisenprävention und Innenweltschutz
aus logotherapeutischer Sicht
Band 1559, 224 Seiten (Januar 89)

Heilkraft des Lesens
Erfahrungen mit der Bibliotherapie
Herausgegeben von Peter Raab
Band 1535, 176 Seiten